**Geografia eleitoral:
teoria e prática**

Geografia eleitoral:
teoria e prática
Lucas Gelape
Glauco Peres da Silva

Rua Clara Vendramin, 58 . Mossunguê . CEP 81200-170 . Curitiba . PR . Brasil
Fone: (41) 2106-4170 . www.intersaberes.com . editora@intersaberes.com

Conselho editorial
  Dr. Alexandre Coutinho Pagliarini
  Drª Elena Godoy
  Dr. Neri dos Santos
  Mª Maria Lúcia Prado Sabatella
Editora-chefe
  Lindsay Azambuja
Gerente editorial
  Ariadne Nunes Wenger
Assistente editorial
  Daniela Viroli Pereira Pinto
Preparação de originais
  Palavra Arteira Edição e Revisão de Textos
Edição de texto
  Palavra do Editor

Capa
  Iná Trigo (*design*)
  alexdndz, RanilsonArruda e
  brichuas/Shutterstock (imagens)
Projeto gráfico
  Bruno de Oliveira
Diagramação
  Regiane Rosa
Designers *responsáveis*
  Charles L. da Silva
  Ana Lucia Cintra
Iconografia
  Regina Claudia Cruz Prestes

Dados Internacionais de Catalogação na Publicação (CIP)
(Câmara Brasileira do Livro, SP, Brasil)

Gelape, Lucas
  Geografia eleitoral : teoria e prática / Lucas Gelape, Glauco Peres da Silva.
-- Curitiba, PR : InterSaberes, 2025.

Bibliografia.
ISBN 978-85-227-1631-9

1. Eleições – História – Brasil 2. Partidos políticos – História – Brasil I. Silva, Glauco Peres da. II. Título.

25-246684   CDD-324.9

Índices para catálogo sistemático:
1. Geografia eleitoral : Ciências políticas   324.9

Cibele Maria Dias – Bibliotecária – CRB-8/9427

1ª edição, 2025.
Foi feito o depósito legal.
Informamos que é de inteira responsabilidade dos autores a emissão de conceitos.
Nenhuma parte desta publicação poderá ser reproduzida por qualquer meio ou forma sem a prévia autorização da Editora InterSaberes.
A violação dos direitos autorais é crime estabelecido na Lei n. 9.610/1998 e punido pelo art. 184 do Código Penal.

Sumário

9 *Apresentação*

15 *Como aproveitar ao máximo este livro*

Capítulo 1
19 **Noções fundamentais**

(1.1)
21 Como investigar quantitativamente as eleições e sua relação com o espaço

(1.2)
26 R, *RStudio* e como usaremos programação neste livro

(1.3)
29 O que são dados?
Dados não espaciais, dados espaciais e sua representação no espaço

(1.4)
34 Projeções e sistemas de referência de coordenadas

Capítulo 2
43 **Organização de dados eleitorais**

(2.1)
48 Organização dos dados de resultados eleitorais

2.2
56 Como a organização de dados eleitorais se relaciona com outras divisões territoriais?

(2.3)
61 Dados geocodificados de locais de votação

(2.4)
68 Visualização espacial de dados eleitorais: os mapas eleitorais

Capítulo 3
97 **Identificação de regiões de votação**

(3.1)
99 Introdução

(3.2)
103 Pesquisas sobre identificação de bases eleitorais

(3.3)
108 Pesquisas empíricas sobre o Brasil

(3.4)
118 Questões empíricas

(3.5)
134 Cuidados na produção de inferências baseadas em dados espaciais

Capítulo 4
147 **Associação entre voto e outras variáveis**

(4.1)
149 Relações entre votos e outras variáveis no espaço

(4.2)
153 Noções gerais

(4.3)
155 Como definir uma vizinhança?

(4.4)
161 Autocorrelação espacial

(4.5)
174 Modelos de regressão espacial

189 *Considerações finais*
193 *Referências*
217 *Respostas*
225 *Sobre os autores*

Apresentação

Para exibirem os resultados da apuração das eleições, seja no Brasil, seja no exterior, apresentadores de programas de televisão recorrem a mapas interativos[1], e *sites* de notícia se enfrentam para disponibilizar as visualizações mais atrativas. Os eleitores, por sua vez, consomem avidamente essas informações. Você possivelmente já esteve na posição de clicar em diversos mapas diferentes ao longo de uma noite e nos dias subsequentes a uma eleição para explorar os resultados das disputas de seu interesse. Mas como interpretar esses mapas? O formato escolhido para apresentar os resultados pode induzir certas leituras? As interpretações estão adequadas? E, mais do que consumir o que é feito, é possível também aprender a fazer esses mapas? Como você poderia reproduzir as visualizações exibidas? Ou como você poderia produzir outros mapas eleitorais de seu interesse?

Nos últimos anos, observamos um aumento no número de mapas sobre contextos eleitorais exibidos em meios como jornais, televisão, artigos científicos e redes sociais. Esse fenômeno decorre do interesse

---

1   *O ápice desses mapas é provavelmente o Magic Wall, utilizado por John King na CNN estadunidense. Nele, o apresentador dá zoom e abre o resultado de condados específicos na eleição em questão ou anteriores, exibindo um conhecimento enciclopédico sobre a geografia eleitoral dos Estados Unidos (King, 2024).*

dos usuários impulsionado pela popularização de sistemas de informação geográfica resultante da maior digitalização da sociedade contemporânea (Terron, 2012; Rodrigues-Silveira; Terron; Sonnleitner, 2017). Assim, o trabalhoso processo de confecção de mapas se torna mais fácil, permitindo que diversas pessoas realizem uma atividade que anteriormente era quase restrita a cartógrafos.

Este livro visa apresentar aos seus leitores um passo a passo sobre como construir uma análise espacial de eleições, tomando o caso brasileiro como referência. Disputas eleitorais constituem-se em um objeto clássico nos estudos da ciência política. Sua dimensão geográfica suscita a possibilidade de estudá-las associando-as ao espaço em que acontecem, ao serem consideradas, por exemplo, a distribuição regional dos eleitores e as ações dos políticos em suas campanhas e mandatos. Essa relação espacial de uma votação se nota até mesmo no próprio ato de votar, já que ocorre em uma seção eleitoral, com endereço conhecido, possibilitando a elaboração de mapas de votos, por exemplo. Ademais, os avanços de técnicas de análise espacial também contribuem para que a pesquisa nessa direção caminhe vigorosamente, seja pelo progresso na área computacional, o qual permite que uma massa enorme de dados seja processada em curto espaço de tempo, seja pelos novos instrumentos analíticos desenvolvidos, como a econometria espacial, que possibilitam desenvolver modelos complexos que desvelam relações de interesse. O Brasil, particularmente, dispõe de uma quantidade considerável de dados públicos confiáveis a respeito de suas eleições no período recente, o que o torna um caso paradigmático para esse tipo de trabalho. Essas condições promissoras se contrapõem à ausência de materiais em língua portuguesa que permitam às pessoas interessadas elaborar análises desse tipo. Dessa forma, entendemos que esta obra se justifica e se faz necessária.

Este texto é voltado principalmente a estudantes e profissionais que se interessem por eleições de maneira geral, que queiram conhecer as questões regionais ou espaciais que envolvem a análise do resultado dessas disputas e que almejam elaborar as próprias análises. Por essa razão, apresentamos o debate acadêmico sobre o tema e, também, os instrumentos analíticos necessários para a avaliação espacial de uma eleição no Brasil. Mostramos desde os códigos a serem utilizados para a extração dos dados até a forma de implementação de técnicas de autocorrelação espacial. Assim, de um ponto de vista teórico, explicamos como se organizam territorialmente as eleições brasileiras; discutimos a literatura sobre geografia eleitoral no país, com especial destaque para as disputas nas eleições proporcionais (para os cargos de vereador, deputado federal, estadual e distrital, portanto); e examinamos as principais teorias sobre o comportamento de eleitores e o modo como dialogam com o espaço. Por sua vez, pela perspectiva metodológica, este livro apresenta uma introdução ao manuseio e à visualização de dados espaciais e eleitorais e de algumas técnicas de análise espacial de dados. A preparação, a análise e a produção de mapas são feitas inteiramente por meio da linguagem *R*. Trata-se de uma linguagem de programação amplamente utilizada na ciência política, com código aberto e livre, ou seja, de uso gratuito. A comunidade de usuários de *R* é ampla, inclusive no Brasil, e altamente colaborativa, o que significa que existe muito conteúdo disponível aos interessados em explorar a linguagem, bem como diversos fóruns em que é possível pedir ajuda a outros usuários.

Para cumprir esses objetivos, este livro se estrutura em quatro capítulos principais. De partida, ressaltamos que os códigos empregados como exemplos nesta obra são fundamentados em *scripts* e bases de dados que produzimos em Gelape e Silva (2024). No primeiro capítulo, "Noções fundamentais", apresentamos conteúdos basilares sobre dados espaciais, antes de nos aprofundarmos em sua interface com os dados eleitorais. Começamos com uma discussão sobre como investigar quantitativamente as eleições e como isso se relaciona com o espaço geográfico. Em seguida, abordamos o *software* e a linguagem de programação que serão usados neste livro, indicando materiais introdutórios para aqueles que necessitem. Na seção subsequente, discutimos a matéria-prima de nosso trabalho: os dados espaciais, em seus diversos tipos e formatos. Ao final, enfocamos algumas características particulares de dados espaciais às quais o leitor deve atentar, como as projeções e os sistemas de referência de coordenadas.

O segundo capítulo, "Organização de dados eleitorais", versa sobre o regramento que informa como se estruturam territorialmente as eleições, além de explicar como o Tribunal Superior Eleitoral (TSE) disponibiliza os dados que usamos em nossa pesquisa. Dessa forma, descrevemos a organização territorial, associando-a aos diversos bancos de dados disponibilizados no Portal de Dados Abertos do TSE (Brasil, 2024a). Em seguida, discutimos como associar essas informações a outras divisões territoriais, como aquelas apresentadas pelo Instituto Brasileiro de Geografia e Estatística (IBGE). Em níveis mais desagregados, isso se dá pela associação dessas outras divisões com o ponto em que se encontra um local de votação; portanto, tratamos dos dados geocodificados dos locais de votação. Para encerrar esse capítulo, explicamos como produzir mapas coropléticos baseados em resultados eleitorais, comentando exemplos extraídos de eleições recentes.

Depois da produção de mapas eleitorais iniciais, o terceiro capítulo, "Identificação de regiões de votação", avança em direção à identificação de regiões de votação, ou seja, apresenta formas de identificar aglomerações de votos de candidatos, para evitar o problema comum de indicadores e mapas que apenas refletem o número de eleitores em certa região (afinal, existe uma associação positiva entre o eleitorado de uma área e o número de votos absolutos obtido por um candidato nela). Nesse capítulo, discutimos os trabalhos que utilizam esses indicadores e os resultados já encontrados pela literatura. Com base nesse conhecimento, examinamos os desafios encontrados ao se realizarem inferências baseadas em dados espaciais, para que o leitor evite cometê-los.

O quarto capítulo, "Associação entre voto e outras variáveis", adentra naquelas perguntas de pesquisa que instigam os analistas/pesquisadores: Por que observamos esses padrões geográficos de votação? Para ajudar a responder a perguntas desse tipo, abordamos as principais teorias relacionadas ao comportamento eleitoral e, num segundo momento, apresentamos ferramentas de análise espacial que podem ser usadas para tanto. Em nossa exposição sobre a análise, comentamos exemplos de código e/ou de trabalhos que utilizaram esses métodos.

Esperamos que esta obra instigue o leitor a ser mais criterioso em leituras de mapas e análises de geografia eleitoral e, também, que o ajude a se tornar um melhor analista/pesquisador dessa área. Ao longo de todo o livro, buscamos ser didáticos, para permitir que quaisquer leitores possam entender, reproduzir e ir além do conteúdo contemplado. Também procuramos ser compreensivos na apresentação do panorama da disciplina no Brasil, indicando o progresso do campo ao longo do tempo, com os seus principais trabalhos, e apontando, em nossas considerações, para alguns caminhos que a geografia eleitoral brasileira vem tomando. Com esta obra, também desejamos cobrir a lacuna existente em relação ao ensino da análise espacial de eleições em um texto em português. Cabe lembrar que a abordagem dada ao tema aqui é aquela típica da ciência política. Embora, no que tange a essa disciplina, a temática esteja muito próxima à da geografia, há alguma diferença quanto às teorias, aos métodos e aos objetos investigados no âmbito de cada uma dessas disciplinas. Nosso desejo é que a interlocução entre as disciplinas aconteça, pois isso é benéfico para ambas e não vemos ganhos em se assumir a superioridade de alguma das perspectivas em relação à análise.

Boa leitura!

Como aproveitar ao máximo este livro

Este livro traz alguns recursos que visam enriquecer seu aprendizado, facilitar a compreensão dos conteúdos e tornar a leitura mais dinâmica. São ferramentas projetadas de acordo com a natureza dos temas que vamos examinar. Veja a seguir como esses recursos se encontram distribuídos no decorrer desta obra.

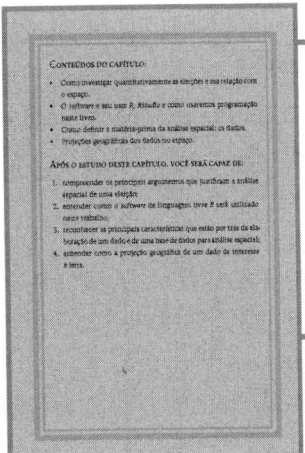

Conteúdos do capítulo:

Logo na abertura do capítulo, informamos os temas de estudo e os objetivos de aprendizagem que serão nele abrangidos, fazendo considerações preliminares sobre as temáticas em foco.

Após o estudo deste capítulo, você será capaz de:

Antes de iniciarmos nossa abordagem, listamos as habilidades trabalhadas no capítulo e os conhecimentos que você assimilará no decorrer do texto.

Consultando a legislação

Listamos e comentamos nesta seção os documentos legais que fundamentam a área de conhecimento, o campo profissional ou os temas tratados no capítulo para você consultar a legislação e se atualizar.

Para saber mais

Sugerimos a leitura de diferentes conteúdos digitais e impressos para que você aprofunde sua aprendizagem e siga buscando conhecimento.

Síntese

Você dispõe, ao final do capítulo, de uma síntese que traz os principais conceitos abordados.

Questões para revisão

Com estas atividades, você tem a possibilidade de rever os principais conceitos analisados. Ao final do livro, os autores disponibilizam as respostas às questões, a fim de que você possa verificar como está sua aprendizagem.

Questões para reflexão

Nesta seção, a proposta é levá-lo a refletir criticamente sobre alguns assuntos e a trocar ideias e experiências com seus pares.

Capítulo 1
Noções fundamentais

Conteúdos do capítulo:

- Como investigar quantitativamente as eleições e sua relação com o espaço.
- O *software* e seu uso: *R*, *RStudio* e como usaremos programação neste livro.
- Como definir a matéria-prima da análise espacial: os dados.
- Projeções geográficas dos dados no espaço.

Após o estudo deste capítulo, você será capaz de:

1. compreender os principais argumentos que justificam a análise espacial de uma eleição;
2. entender como o *software* de linguagem livre *R* será utilizado neste trabalho;
3. reconhecer as principais características que estão por trás da elaboração de um dado e de uma base de dados para análise espacial;
4. entender como a projeção geográfica de um dado de interesse é feita.

Antes de entrarmos no estudo da geografia eleitoral propriamente dita, precisamos assentar alguns pressupostos metodológicos que nortearão este livro. Dessa forma, este capítulo apresentará noções introdutórias sobre algumas questões que guiarão as explicações sobre geografia eleitoral a serem feitas nos próximos capítulos. Em primeiro lugar, discutiremos por que se associam eleições ao espaço e como isso pode ser feito metodologicamente. Em seguida, trataremos do *software* empregado para exemplificar o conteúdo exposto ao longo deste livro. Nas últimas seções, indicaremos algumas características específicas de dados espaciais, para uma melhor compreensão da forma como eles se organizam e dos cuidados que devem ser tomados ao serem utilizados.

(1.1)
COMO INVESTIGAR QUANTITATIVAMENTE AS ELEIÇÕES E SUA RELAÇÃO COM O ESPAÇO

Como muitos fenômenos sociais e políticos, eleições estão relacionadas a uma dimensão espacial. A escolha de um representante político por meio de um processo eleitoral sempre se vincula a uma região territorial na qual eleitores escolhem esse representante e gera a associação de uma política[1] eleita ao longo de seu mandato. Essa área é chamada de *distrito eleitoral*. Em uma eleição para prefeito, por exemplo, o distrito eleitoral é o município. Já na eleição para deputado estadual ou federal, o distrito é o estado. Nesse sentido, há um aspecto geográfico automaticamente vinculado a uma eleição e

---

1 *Optou-se por adotar indistintamente as duas flexões de gênero ao longo do texto no uso de substantivos de referência a um ente genérico.*

à representação política em si[2]. Por essas razões, torna-se natural a avaliação desse componente regional quando se estuda uma eleição. Além dessa característica, os votos atribuídos a cada candidato são contabilizados por urnas que, por sua vez, estão distribuídas espacialmente pelo território. Assim, podemos contar os votos das diversas candidatas de uma eleição específica nas diferentes partes que compõem o distrito eleitoral. É possível, então, avaliar o número de votos que cada candidato a presidente alcançou em diferentes áreas do país, por exemplo. Essas partes em que o distrito se divide podem ser escolhidas de forma conveniente, e não há, a princípio, nenhuma restrição que determine a escolha de uma divisão territorial. Por exemplo, nas eleições presidenciais brasileiras, podemos considerar os votos atribuídos a cada uma das candidatas nas urnas que se encontram em uma parte qualquer do território nacional, como a leste do Rio São Francisco ou ao sul do Rio Tietê. Diante dessas possibilidades, é factível a elaboração de diferentes ferramentas que avaliam aspectos de interesse, como a construção de mapas coropléticos[3] ou de análises espaciais das mais diversas.

Essas análises levam em conta o fato de que há vários aspectos contáveis em uma eleição: o número de candidatos, de eleitores, de votos, de urnas etc. Essas características criam um sem-número de informações que resumem aquele evento sob a forma de estatísticas. Podemos combinar essas características e avaliar quantitativa e espacialmente o resultado de uma eleição.

As considerações apresentadas anteriormente são relevantes por diversas razões. A primeira delas é que é possível avaliar fenômenos

---

2   *Para uma discussão mais detida sobre esse aspecto, consulte Silotto et al. (2021).*
3   *Mapas coropléticos atribuem cores a áreas de acordo com os valores de uma variável. Veja o Capítulo 2.*

políticos em geral, e das eleições, especificamente, a partir de uma perspectiva espacial. O comportamento de eleitores e de atores políticos ao longo do distrito eleitoral pode ser diferente e estar associado a alguma característica específica de cada região. Um exemplo bastante atual disso é a comparação do padrão de votação ocorrido no Nordeste com o padrão observado nas regiões Sul e Sudeste nas eleições presidenciais brasileiras.

Para além de uma constatação empírica em si – determinado partido obteve uma votação maior ou menor em áreas específicas com certas características sociais –, essas considerações permitem avanços teóricos importantes. Eleitores identificados com determinados partidos podem se mudar para viver em regiões nas quais seus vizinhos tenham uma percepção política similar à sua (Dahlgaard et al., 2022), evidenciando uma relação importante da política com um componente sociológico específico. Outras possibilidades teóricas têm a ver com a dimensão informacional na decisão do voto de uma eleitora qualquer (Lau; Redlawsk, 2006). A decisão do voto depende das informações de que se dispõe, e a informação a que cada pessoa está sujeita depende de aspectos contextuais relacionados à vida cotidiana, como seus locais de residência e de trabalho ou estudo, aos tipos de modos utilizados para o deslocamento diário, ao tipo de trabalho etc. (Agnew, 2014). Outro caminho de análise é estudar as diferentes estratégias eleitorais que os candidatos utilizam em suas campanhas e avaliar a eficiência de cada uma delas em termos do número de votos recebidos. A constatação de que as eleições ocorrem em uma dimensão espacial cria inúmeras possibilidades de análise, de avanço teórico e, assim, de compreensão de como funcionam.

De outro lado, tal como em outros fenômenos sociais e políticos, há dificuldades naturais em se investigar um processo assim. A constatação de que há uma dimensão espacial associada a um evento específico não implica dizer que qualquer padrão regional encontrado nas votações tenha alguma explicação espacial. Afinal, correlação não significa causa. Isso significa que os dados analisados podem apresentar alguma padronização, mas esta pode ser um resultado aleatório, ou, como se diz no jargão, um resultado "espúrio", sem nenhuma consequência teórica ou analítica interessante. Por isso, é possível notar eventuais padrões espaciais, bem como encontrar associações estatísticas, sem que haja qualquer relevância teórica importante. É preciso atentar para isso.

Nesse sentido, o procedimento analítico de dados espaciais é significativo porque permite a compreensão mais detalhada dos diversos fatores que afetam a eleição, o que leva a avanços teóricos sobre essa característica fundamental de uma democracia. Ao mesmo tempo, é preciso evitar que a facilidade com que conseguimos atualmente aplicar a análise espacial aos resultados de uma eleição nos conduza a uma hipervalorização da dimensão regional como fator explicativo do que ocorre em uma disputa por votos.

Dessa forma, há ao menos dois obstáculos que precisam ser evitados. O primeiro se refere à utilização de indicadores confiáveis e válidos. Os conceitos de confiabilidade e validade de uma medida qualquer são um tema caro à pesquisa empírica (Kellstedt; Whitten, 2021). Um indicador é confiável se obtemos o mesmo resultado à medida que esse processo de mensuração se repete. Por exemplo, podemos usar uma balança para medir nosso peso. Se, depois de subirmos nela diversas vezes, em um curto espaço de tempo, obtivermos medidas distintas, não teremos confiança nos resultados gerados por esse processo. Por outra parte, uma medida é válida se ela mede corretamente o conceito a que está relacionada. Para produzirmos conhecimento a respeito de fenômenos que nos interessam, devemos trabalhar com indicadores confiáveis e válidos. A definição das variáveis utilizadas na pesquisa é um processo bastante cuidadoso que demanda muita atenção da pesquisadora. No caso de uma pesquisa espacial, a definição da região, o nível de agregação dos dados, seus limites, entre outros aspectos, exigem cuidados especiais. Em suma, devemos estar atentos à maneira como os dados são medidos, à associação dessas medidas a conceitos claros e bem definidos e à consideração sobre as estatísticas que serão trabalhadas.

O segundo percalço é de ordem analítica. Nesse caso, trata-se da maneira como produzimos explicações com base nas teorias de que dispomos. Se, por um lado, correlação não indica causa e, assim, a mera associação espacial encontrada pode não ter nenhuma justificativa teórica, por outro, estamos geralmente preocupados em identificar relações causais nas explicações geradas. Isso significa ter um cuidado extremo ao lidar com dados empíricos para se obter um resultado em que a explicação formulada aponte as causas envolvidas em fenômenos de interesse. As técnicas aplicadas precisam estar de acordo com os pressupostos que esse tipo de análise mobiliza, mesmo que não estejamos fazendo um teste propriamente causal. Tendo isso em vista, nossa intenção é lembrar que a lógica da pesquisa empírica na ciência política é a de identificação de causalidade e isso tem consequências sobre todo o campo[4].

Assim, para a realização de investigações espaciais de uma eleição, é preciso percorrer diferentes etapas. Em razão das várias possibilidades analíticas disponíveis, é primordial ter em mente que as escolhas

---

4   Apesar de o trabalho experimental ser reconhecidamente o "padrão ouro" do trabalho empírico que produz uma análise causal, é preciso considerar se o conhecimento acumulado em torno do tema permite que a pesquisa produza inferências causais (Schmitter, 2008). Fenômenos recentes, que, por consequência, são pouco conhecidos, dificilmente serão estudados em termos de identificação de suas causas, por não haver conhecimento acumulado para tal.

feitas em cada uma dessas fases influenciarão o resultado alcançado. Por isso, tais escolhas devem sempre ser o mais explícitas possível[5], além de guiadas pela teoria subjacente ao argumento. Essas análises são possíveis graças à utilização de *softwares* cada vez mais flexíveis e computacionalmente poderosos. Na próxima seção, trataremos brevemente de uma alternativa bastante popular e comum nas aplicações nas ciências sociais.

(1.2)
R, RSTUDIO E COMO USAREMOS PROGRAMAÇÃO NESTE LIVRO

O R é uma linguagem de programação e, também, um *software* livre e gratuito, com número crescente de usuários em período recente[6]. Seu uso é bastante difundido nas ciências sociais e, embora não seja muito intuitivo para iniciantes, seu potencial é considerável, já que ele permite a produção de dados e de análises, inclusive as espaciais, com baixa capacidade computacional e com automatização de rotinas: ele permite a produção de centenas de mapas a partir de um único bloco de código, por exemplo. Uma de suas mais notáveis novidades recentes foi a criação do pacote *sf* (*simple features*[7]), que simplificou a análise de dados espaciais nesse *software*. Ainda que a maior parte dos materiais esteja em inglês, a comunidade de usuários

---

5   Para uma discussão sobre esse tema, consulte King (1995).
6   Para download *do R e outras informações, acesse o* link *disponível em: The R Project (2024).*
7   Em uma tradução livre, "atributos simples". Trata-se de um padrão de organização de dados espaciais que se caracteriza por ser um modelo hierárquico de representação de dados espaciais, o qual dá grande flexibilidade para fazer a representação em diversos formatos. Para mais informações, consulte Lovelace, Nowosad e Muenchow (2019).

de *R* no Brasil vem desenvolvendo uma série de textos em português (Meireles; Silva, 2018; Barone; Philips, 2019; Mas et al., 2019), além de ser ativa na resposta a dúvidas, principalmente por meio da plataforma Stack Overflow (2024)[8].

Sendo o *R* uma linguagem de programação, por vezes, os usuários não se sentem confortáveis com a sua utilização. Para superar essa e outras dificuldades, foi criado um ambiente de desenvolvimento integrado (*Integrated Development Environment* – IDE) chamado *RStudio*. Esse ambiente funciona como uma máscara para as diversas funcionalidades que envolvem a programação em *R* ou em outras linguagens, a partir de uma interface amigável. De fato, o *RStudio* oferece uma centralização dessas funcionalidades em um ambiente bastante simplificado. Por meio dele, é possível realizar praticamente todas as funcionalidades do *R*. Ele também permite a edição de textos usando *LaTeX*, inserindo comandos e até combinando linguagens – com o *RMarkdown*, por exemplo. É possível ainda utilizar outras linguagens no *RStudio*, como *JavaScript* e *C++*, e, em todas elas, pode-se acompanhar a edição do texto e compartilhar com outros usuários (Schleutker, 2022). Nesse sentido, é uma ferramenta interessante para o trabalho em grupos e para a garantia da reprodutibilidade da pesquisa realizada[9].

Apesar de, por vezes, a introdução do uso de um novo *software* criar uma dificuldade extra para a compreensão do tema que está sendo tratado, seja a dimensão teórica, seja a parte analítica, o ensino simultâneo dessas duas dimensões vem sendo estimulado (Schleutker,

---

8 *Os aplicativos de inteligência artificial, como o ChatGPT (2024), vêm sendo cada mais utilizados também como uma interface para tirar dúvidas sobre a utilização da linguagem ou da correção de códigos de programação. O desenvolvimento nessa direção certamente ganhará cada vez mais projeção em um futuro breve.*

9 *Para mais informações sobre o R e o RStudio, consulte Gandrud (2015).*

2022). Isso se justifica por algumas condições. Um código de programação editável permite que grupos de estudantes lidem com ele conjuntamente, compartilhando anotações e dificuldades. Isso possibilita que eles identifiquem a importância de cada etapa e a consequência de eventuais modificações do código, com suas implicações teóricas e analíticas. Ademais, entendemos que as dificuldades são reduzidas na medida em que explicitamos a existência de diferentes camadas de aprendizado operando em um estudo como o que se propõe aqui. Em nosso entender, são elas: a **teórica**, que envolve, neste caso, a regionalização das eleições e todas as teorias desenvolvidas que explicam a decisão do voto e os padrões espaciais decorrentes; a **empírica**, que abrange a manipulação de base de dados (que são, por sua vez, mensurações dos conceitos teóricos desenvolvidos) e os modelos estatísticos aplicados à análise; e, por fim, a **operacional**, que se refere aos procedimentos técnicos de programação que se destinam a cumprir a manipulação e a aplicação dos modelos estatísticos e, assim, evidenciar a teoria em sua dimensão empírica. A conscientização de que existem essas três dimensões simultâneas ao longo do aprendizado permite que cada estudante tenha condições de identificar em qual delas reside sua dificuldade – eventualmente, em mais de uma – e, assim, busque superá-la. Cada dimensão apresenta desafios particulares, mas avanços em cada uma ajudam a compreender as demais.

Essas razões nos fizeram optar por apresentar os códigos em R ao longo do texto em que as partes teóricas e analíticas são desenvolvidas. Na medida do possível, mantivemos uma seção dedicada a cada uma dessas partes. A estrutura básica do livro e de cada capítulo está voltada ao propósito de apresentar a teoria pertinente, as mensurações relevantes, os códigos que permitem que as mensurações sejam elaboradas e exemplos de análises a serem feitas a partir dos resultados obtidos. Deixando clara desde já a presença dessas dimensões distintas operando em cada etapa do aprendizado, acreditamos que o leitor terá condição de discernir em que ponto está uma eventual dificuldade e, assim, encontrar os meios de superá-la, aproveitando-se das demais discussões.

Os trechos em que apresentamos os códigos e seus resultados são baseados no repositório de códigos e dados disponível em Gelape e Silva (2024). Os blocos de código reproduzidos neste livro estão destacados no texto em uma fonte diversa e com fundo cinza, para que o leitor possa identificá-los com maior clareza. Em códigos em *R*, todas as linhas iniciadas pelo símbolo de cerquilha ou sustenido (#) indicam comentários – e não são executadas pelo *software*. Assim, elas servem como um mecanismo para deixar mensagens em meio ao código, em geral para explicar o que está ocorrendo (processo conhecido como *documentação*). Documentamos extensamente todos os códigos produzidos, para deixar evidente o que está sendo executado na linha subsequente. Para usuários iniciantes em *R*, sugerimos os materiais disponíveis gratuitamente em Phillips (2024), que é uma excelente introdução à programação em *R* para cientistas sociais.

(1.3)
O QUE SÃO DADOS?
DADOS NÃO ESPACIAIS, DADOS ESPACIAIS
E SUA REPRESENTAÇÃO NO ESPAÇO

A palavra *dados* parece ter um significado quase autoevidente: seriam informações existentes no mundo, que apenas precisariam ser "coletadas" pelos seres humanos para que estes analisem fenômenos de interesse. Todavia, ao menos desde Bourdieu sabemos que dados não existem por si, mas são construídos por meio de uma série de decisões humanas para um fim específico (Bourdieu; Chamboredon; Passeron, 2005). Essas decisões compreendem várias etapas discricionárias que nem sempre estão claras para a pesquisadora envolvida, como o momento ou o local em que as medidas serão aferidas ou os instrumentos que serão utilizados para colher as observações e todos os seus possíveis vieses.

Todo o processo de operacionalização de uma variável é repleto de decisões relevantes para a análise que será produzida e elas estão por trás da construção do dado. Assim, antes de analisar uma base de dados qualquer, a pesquisadora precisa sempre estar atenta aos passos tomados para produzir as informações a respeito do fenômeno de interesse. No que nos interessa aqui, essa produção de dados, quando consideradas as dimensões espaciais e sua representação, pode ser trabalhada de duas formas distintas: por meio de mapas *raster* ou vetoriais (Rodrigues-Silveira, 2013a).

Mapas *raster* são aqueles produzidos com dados organizados em um *grid* (matriz) de *pixels* em linhas e colunas, geralmente derivados de imagens de satélite. São bastante utilizados em estudos de topografia ou ecologia, por exemplo (Monmonier, 2018; Rodrigues-Silveira, 2013a).

No Mapa 1.1, temos um exemplo de mapa *raster*. À esquerda, vemos a representação curvas de nível com as indicações de altitude; já à direita, vemos a construção dessa mesma figura em um *grid*.

Mapa 1.1 – Exemplo de mapa com dados *raster* de relevo de um território

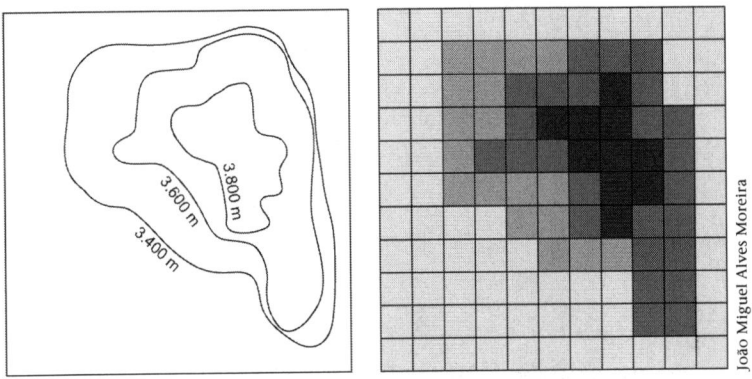

Fonte: Gleditsch; Weidmann, 2012, p. 463.

Já os **mapas vetoriais** derivam de dados organizados por uma lista de pontos, que podem resultar num produto final de pontos, linhas ou polígonos, e que forma um modelo simbólico ou geométrico do espaço representado (Monmonier, 2018; Rodrigues-Silveira, 2013a). Nas ciências sociais, normalmente privilegiamos os mapas vetoriais (Rodrigues-Silveira, 2013a).

No Mapa 1.2, temos um exemplo desse tipo de mapa com a representação da cidade de São Paulo e seus distritos administrativos.

Mapa 1.2 – Exemplo de mapa vetorial

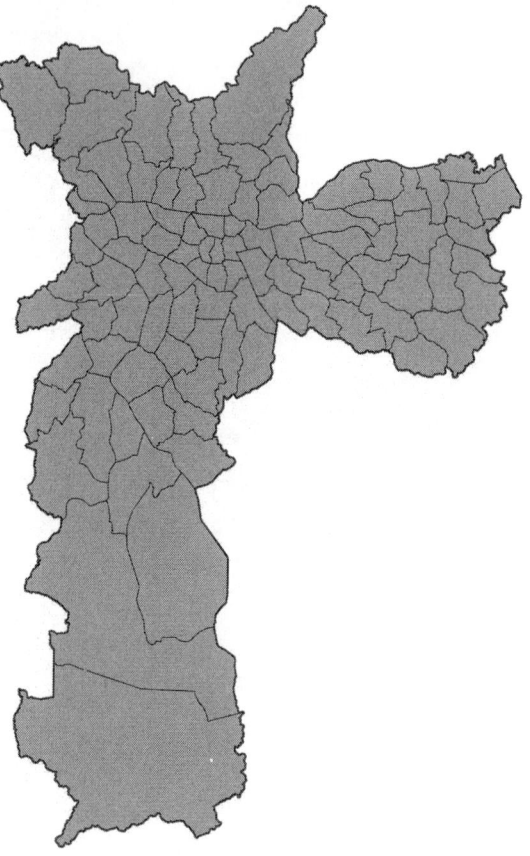

Fonte: Elaborado com base em IBGE, 2010a.

Nesses mapas, podemos apresentar tanto dados espaciais quanto dados não espaciais. A distinção entre cada um deles se dá pelas seguintes definições: **dados espaciais** são aqueles com características intrínsecas ao espaço geográfico, como área, distância ou relevo, bem como atividades humanas associadas ao território, como a localização de edifícios (Rodrigues-Silveira, 2013a); já os **dados não espaciais** são características que, a princípio, independem do espaço em que se encontram (Rodrigues-Silveira, 2013a). A maior parte dos dados políticos, econômicos ou sociais com os quais o analista de dados trabalha são não espaciais, tais como o número de votos obtidos por uma candidata, o custo de vida ou a implementação de uma política pública.

Contudo, é possível atribuir características espaciais a dados não espaciais para que se possa analisá-los. Por exemplo, podemos agregar os votos de uma eleição desde a urna – que está associada a um local de votação, o qual pode ser analisado espacialmente por meio de coordenadas geográficas – até o nível municipal ou estadual. É com esse tipo de transformação nos dados que cientistas sociais trabalham diariamente.

Para além dessas características a respeito das informações que serão projetadas, os mapas podem ser construídos de formas distintas. De maneira geral, as listas de pontos de um mapa vetorial podem resultar em três tipos diferentes de mapas: polígonos, linhas ou pontos. Cada um deles é mais adequado para representar certos elementos do espaço de interesse (Cairo, 2016; Rodrigues-Silveira, 2013a). Os **mapas de polígonos**, por exemplo, são úteis para a representação de áreas. Casos típicos de aplicação são as regiões políticas ou administrativas de um território, como os estados brasileiros ou as unidades de conservação na Amazônia. Já os **mapas de linhas** representam deslocamentos ou fluxos, como ruas, estradas, fluxos de imigração ou de tráfego. Por fim, os **mapas de pontos** são indicados para a representação de quantidades, como o tamanho da população de cada município, ou de localização, como escolas ou hospitais. O Mapa 1.3 apresenta cada um desses tipos.

Mapa 1.3 – Exemplos de mapas de polígonos (áreas dos municípios), de linhas (estradas) e de pontos (sedes municipais)

Fonte: Elaborado com base em Centro de Estudos da Metrópole, 2020a, 2020b; IBGE, 2024.

(1.4) Projeções e sistemas de referência de coordenadas

O formato da Terra se aproxima de um **geoide**, uma espécie de círculo achatado nas extremidades com diversas irregularidades ao longo de sua superfície. Porém, diante da dificuldade de representar cartograficamente uma estrutura desse formato, adotamos um modelo **elipsoide**, com um círculo achatado nas extremidades, mas sem as irregularidades (Freitas, 2004).

Um *datum* é uma referência utilizada para medir elementos sobre a superfície terrestre e é composto pela forma e tamanho do elipsoide, além de sua posição em relação ao geoide (Freitas, 2004). Diferentes modelos de elipsoide se adéquam melhor a cada região terrestre (Longley et al., 2015), como vemos na figura a seguir, retirada de Freitas (2004).

Figura 1.1 – Geoide e elipsoide como representações da superfície terrestre

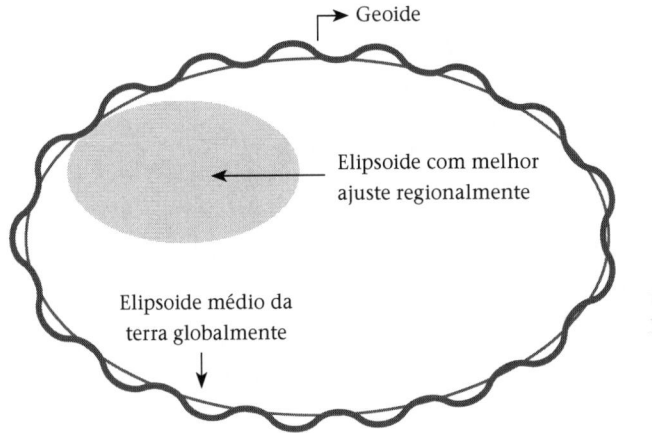

Fonte: Freitas, 2004, p. 6.

Um sistema de referência de coordenadas (SRC, na sigla em português, ou CRS – *Coordinate Reference System* –, em inglês) indica onde se localizam os pontos em determinada superfície, com base em determinado *datum*. Tais superfícies podem ser elipses, em que se observam sistemas de coordenadas **geográficas**, ou planas, caso em que se observam sistemas de coordenadas **projetadas** (ou **cartesianas**). No primeiro caso, as coordenadas são registradas em latitudes e longitudes (seja em graus, minutos e segundos, seja em graus decimais) (Longley et al., 2015). No segundo caso, elas estão expressas como uma distância de seu ponto de origem.

Geralmente, a informação do SRC de um conjunto de dados é disponibilizada em sua documentação. O uso de um *datum* diferente do informado por usuários de sistemas de informação geográfica (SIGs) pode causar erros em diferentes operações e análises; portanto, o analista deve estar atento a essa informação.

O *datum* mundial padrão é o WGS 1984 (Longley et al., 2015), utilizado pelos principais serviços de mapeamento *online* existentes. No Brasil, o *datum* oficial é o SIRGAS-2000 (Sistema de Referência Geocêntrico para as Américas, produzido no ano 2000), que substituiu os *data* SAD69 e Córrego Alegre (IBGE, 2005). Estes últimos ainda são encontrados em muitos conjuntos de dados publicamente disponíveis, o que demanda atenção do analista.

A adaptação da Terra a um plano enseja possíveis distorções nas superfícies a serem representadas. Entre as possíveis distorções, Monmonier (2018) aponta as de área, ângulos, forma, distâncias e direções, sendo que um mapa será uma solução para harmonizar alguns desses problemas, diante de nossos objetivos. Por exemplo, para o cálculo de áreas, devemos usar uma projeção com propriedade **equivalente** (mesma área), uma vez que ela resulta na mesma área proporcional em toda a superfície em questão (Longley et al., 2015). Uma projeção com característica **conforme**, por sua vez, preserva os ângulos (formas) daquela superfície (Longley et al., 2015).

Síntese

Neste capítulo, abordamos os aspectos centrais que justificam a análise espacial de uma eleição, tomando o caso brasileiro como exemplo. Também apresentamos o *R* e sua interface, o *RStudio*, que são os *softwares* de linguagem livre utilizados neste trabalho. Além disso, introduzimos os elementos centrais que alicerçam a elaboração de uma base de dados para análise espacial. Por fim, mostramos como a projeção geográfica de um dado qualquer pode ser realizada.

Para saber mais

JOHNSON, S. O mapa fantasma: como a luta de dois homens contra a cólera mudou o destino de nossas metrópoles. Tradução de Sérgio Lopes. Rio de Janeiro: Zahar, 2008.

Esse livro conta a história da investigação realizada por John Snow e Henry Whitehead sobre a epidemia de cólera em Londres na década de 1850, um marco para estudos que abordam a importância do espaço na explicação dos mais diversos fenômenos. Em uma linguagem acessível, são descritos os diversos passos dessa investigação e sua contribuição para a ciência, com ênfase nos aspectos espaciais da empreitada.

SNOW, J. On the Mode of Communication of Cholera. London: John Churchill, 1855. Disponível em: <https://johnsnow.matrix.msu.edu/work.php?id=15-78-52>. Acesso em: 13 ago. 2024.

O Centro para Humanidades e Ciências Sociais Digitais (Center for Digital Humanities & Social Sciences – Matrix) da Michigan State University disponibiliza na íntegra a segunda edição do livro de John Snow, em que o autor narra sua investigação sobre o modo de comunicação da cólera. A obra esmiúça os passos dessa investigação, mostrando a "cozinha da pesquisa", isto é, os detalhes de como Snow conduziu essas pesquisas, em seus mais diversos aspectos.

MONMONIER, M. S. **How to Lie with Maps**. 3. ed. Chicago: The University of Chicago Press, 2018.

O professor da Syracuse University, Mark Monmonier, esclarece nessa obra (em inglês) como as escolhas conscientes ou inconscientes de quem produz mapas podem induzir diferentes leituras sobre os fenômenos retratados. Ao enfatizar como diferentes mapas apresentam perspectivas específicas sobre as histórias em análise e como é possível evitar esses problemas como produtor de informação ou consumidor de conteúdo, esse livro se torna uma excelente introdução sobre a temática.

PHILLIPS, J. **Análise de Dados para as Ciências Sociais**: um curso do Departamento de Ciência Política, Universidade de São Paulo. 2021. Disponível em: <https://jonnyphillips.github.io/Ciencia_de_Dados/>. Acesso em: 25 set. 2024.

O curso Análise de Dados para as Ciências Sociais, oferecido pelo professor Jonathan Phillips, é uma ótima introdução à programação em *R* para usuários iniciantes. As aulas finais do curso também são úteis para que usuários com alguma experiência na linguagem consolidem seu conhecimento. O material do curso está disponível gratuitamente e na íntegra no *site* da disciplina. Ele é organizado em tutoriais em texto, nos quais o professor explica o conteúdo e mostra os códigos que realizam as tarefas. Além disso, o curso apresenta exercícios e desafios, para que os alunos possam praticar. A disciplina é oferecida pelo Departamento de Ciência Política da Universidade de São Paulo desde 2017, primeiro pelo professor Leonardo Barone e, posteriormente, pelo professor Jonathan Phillips. Assim, o material vem sendo aprimorado ao longo de vários anos.

Questões para revisão

1. As afirmativas a seguir dizem respeito à visualização de dados espaciais. Marque V para as verdadeiras e F para as falsas:
   ( ) Diante da dificuldade de se representar cartograficamente um geoide, convencionou-se considerar o formato da Terra como um elipsoide para facilitar sua representação.
   ( ) Os sistemas de referência de coordenadas (SRCs) são registros da localização dos pontos em uma superfície. As coordenadas são geográficas, quando derivadas de elipses, ou projetadas, quando derivadas de superfícies planas.
   ( ) Há somente uma elipse que se ajusta a cada região do planeta. Assim, cada região tem um SRC singular a ela.

   Agora, assinale a alternativa que apresenta a sequência obtida:

   a) F, V, F.
   b) V, F, V.
   c) V, V, F.
   d) F, F, V.
   e) V, V, V.

2. Considere as afirmações a seguir e marque V para as verdadeiras e F para as falsas:
   ( ) Uma associação espúria entre variáveis significa que, apesar de a estatística indicar que as variáveis estão correlacionadas, não há nenhuma razão conhecida para que isso seja considerado verdadeiro.
   ( ) Não é possível associar dados não espaciais a um mapa, já que este apenas comporta variáveis espaciais.

( ) Em um mapa de pontos, podemos indicar as maiores cidades de um país ou também associar o fluxo comercial entre diferentes regiões do país.

Agora, assinale a alternativa que apresenta a sequência obtida:

a) V, F, V.
b) F, V, V.
c) V, F, F.
d) V, V, V.
e) F, F, V.

3. Classifique as variáveis indicadas a seguir como espaciais ou não espaciais. Se for o caso, especifique em que condições a variável seria um dado espacial.
   a) Endereço domiciliar dos eleitores de uma cidade.
   b) Seção eleitoral.
   c) Número de votos recebidos por um candidato a prefeito em uma eleição.
   d) Área de um estado destinada à proteção ambiental.
   e) Taxa de homicídios por bairro em uma capital estadual.

4. Para as descrições a seguir, informe se os dados espaciais em questão seriam do tipo *raster* ou vetorial. Caso eles sejam vetoriais, indique se seriam pontos, linhas ou polígonos. Se você imagina que eles possam se enquadrar em mais de uma categoria, justifique sua resposta.
   a) A construção de *buffers* (círculos em torno de um ponto) de 1 km de raio para delimitar a influência de um local de votação.
   b) O mapa de precipitação encontrado em aplicativos de previsão do tempo em *smartphones*.

c) Rotas planejadas para uma caminhada de campanha de um político, organizada pela sua equipe e traçada por meio de ferramentas de mapeamento *online*.

d) Cidades nas quais um candidato a governador realizou eventos de campanha.

5. Após a leitura deste capítulo, assinale a alternativa que indica os principais desafios e cuidados ao se realizarem análises espaciais de dados eleitorais, considerando as limitações inerentes a esse tipo de abordagem:

    a) Um dos principais desafios está em definir corretamente os limites territoriais de análise, mesmo sabendo que o comportamento eleitoral é completamente uniforme dentro de uma mesma região geográfica.

    b) A confiabilidade de uma análise espacial depende da precisão com que os votos são contados em cada urna, não havendo necessidade de considerar a origem dos dados e a forma como foram coletados.

    c) A análise espacial deve considerar a projeção dos dados e a relação entre região e comportamento eleitoral, evitando inferências causais sem base teórica robusta, como a correlação espúria ou a associação aleatória de padrões regionais.

    d) A projeção espacial dos dados eleitorais é irrelevante para a maioria das análises, pois os resultados eleitorais podem ser generalizados sem a necessidade de considerar variáveis regionais ou contextuais.

    e) O maior cuidado na análise espacial de eleições está no uso de ferramentas computacionais, como o *RStudio*, pois nem sempre os usuários têm acesso às funções e aos cálculos realizados pelo *software*.

Questão para reflexão

1. Em abril de 2024, o Instituto Brasileiro de Geografia e Estatística (IBGE) divulgou um mapa-múndi em que colocava o Brasil em seu centro (disponível em: <https://agenciadenoticias.ibge.gov.br/agencia-noticias/2012-agencia-de-noticias/noticias/39793-mapa-mundi-do-ibge-com-o-brasil-no-centro-do-mundo-podera-ser-adquirido-na-loja-virtual-do-instituto>). A imagem repercutiu e provocou certa polêmica. Afinal, não é a ilustração convencional de representação do mundo que usualmente vemos.

   Discuta quais interpretações sobre a relação entre os países podem ser elaboradas com base na comparação entre o novo mapa e um convencional. Em um convencional, quais países ocupam posições de destaque? Quais são as consequências de se escolher uma ou outra forma de representação? Essas representações são imparciais ou provocam interpretações diferentes?

Capítulo 2
Organização de dados eleitorais

Conteúdos do capítulo:

- A organização territorial das eleições brasileiras.
- A organização dos dados eleitorais.
- A relação entre os dados eleitorais e outras divisões territoriais.
- Dados geocodificados de locais de votação.
- Visualização espacial de dados eleitorais: os mapas eleitorais.

Após o estudo deste capítulo, você será capaz de:

1. entender como a Justiça Eleitoral organiza as eleições no território brasileiro;
2. escolher os bancos de dados eleitorais mais adequados para a pesquisa que deseja realizar;
3. compatibilizar resultados eleitorais com diversas divisões territoriais;
4. fazer mapas eleitorais que transmitam a informação desejada, com base em uma série de boas práticas para produzir essas visualizações.

A partir deste capítulo, começaremos a trabalhar com os dados eleitorais propriamente ditos, com foco em elementos de geografia eleitoral. Para tanto, precisamos conhecer um pouco mais sobre como a Justiça Eleitoral brasileira organiza territorialmente as eleições. Com base nesse conhecimento, esclareceremos como os bancos de dados de resultados eleitorais, disponibilizados pelo Tribunal Superior Eleitoral (TSE), se relacionam com essa organização territorial e mostraremos exemplos de como importar esses bancos de dados para o R e uni-los a outras fontes de dados. Em seguida, discutiremos um pouco sobre os dados da localização espacial dos locais de votação e veremos onde buscar esses dados. Ao final do capítulo, apresentaremos orientações gerais para a produção de mapas de resultados eleitorais, tendo em vista que já teremos abordado como importar e organizar esses dados.

Neste capítulo, usaremos os pacotes em R listados a seguir. Carregue-os no início de sua sessão no R, para não ter problemas ao executar os exemplos apresentados.

```
# Pacotes
library(dplyr)
library(readr)
library(electionsBR)
library(sf)
library(stringr)
library(tidygeocoder)
library(ggplot2)
library(geobr)
library(ggspatial)
library(classInt)
```

Consultando a legislação

Como a Justiça Eleitoral organiza territorialmente as eleições?
A Justiça Eleitoral organiza as eleições brasileiras com base em algumas agregações geográficas principais[1] (Rodrigues-Silveira, 2013b). Os Tribunais Regionais Eleitorais (TREs) – delimitados pelas 27 unidades da Federação – têm competência para dividir essas unidades em zonas eleitorais. Essa organização segue as disposições do Código Eleitoral – Lei n. 4.737, de 15 de julho de 1965 (Brasil, 1965) – e da Lei das Eleições – Lei n. 9.504, de 30 de setembro de 1997 (Brasil, 1997).

Uma zona eleitoral é uma "região geograficamente delimitada dentro de um Estado, gerenciada pelo cartório eleitoral, que centraliza e coordena os eleitores ali domiciliados. Pode ser composta por mais de um município, ou por parte dele" (Brasil, 2024d).

A zona eleitoral, portanto, é a região administrativa fundamental dessa organização, sendo que alguns municípios têm mais de uma zona eleitoral (o município de São Paulo, por exemplo, tem atualmente 58 zonas eleitorais), enquanto outros compartilham a mesma zona eleitoral (as cidades de Uruburetama, Umirim e São Luís do Curu, no Estado do Ceará, estão sob a 23ª Zona Eleitoral do estado).

Cada zona eleitoral tem suas seções eleitorais, isto é, locais em que os eleitores efetivamente depositam o voto (em urnas eletrônicas, salvo por algum imprevisto). Segundo o Código Eleitoral, cada seção deve contar com, no mínimo, 50 eleitores e, no máximo, 400 (no caso de capitais) ou 300 eleitores (no caso dos demais municípios).

---

1 Mais detalhes a respeito dessa organização, com indicação dos dispositivos legais correspondentes, podem ser encontrados em Gelape (2017).

> Essas seções eleitorais são agrupadas em locais de votação e, pela lei, o eleitor deve votar no local mais próximo de sua residência. Na prática, o eleitor manifesta seu interesse entre as opções que lhe são apresentadas no cartório da zona em que se encontra seu domicílio eleitoral. Preferencialmente, esses locais são edifícios públicos, mas também podem ser utilizados edifícios particulares (no geral, ainda que não exclusivamente, observamos que eles são escolas). O eleitor seguirá votando no mesmo local de votação, exceto quando, por razões administrativas, a Justiça Eleitoral alterar as seções daquele local ou houver alterações na residência do eleitor (seja para outra zona/município, seja pelo fato de estar em uma seção muito distante de sua casa).

A seguir, o Quadro 2.1 resume as informações sobre essa organização jurídico-administrativa das eleições.

Quadro 2.1 – Organização jurídico-administrativa das eleições brasileiras

Nível	Descrição
Seção eleitoral	Local onde os eleitores efetivamente depositam o voto, ou seja, corresponde ao local em que é instalada a urna eletrônica.
Local de votação	Local (preferencialmente um edifício público, como escolas) em que se encontram uma ou mais seções eleitorais reunidas.
Zona eleitoral	Região dentro de um estado na qual existe um cartório eleitoral, responsável por gerenciar os eleitores domiciliados em seus limites geográficos. Uma zona eleitoral pode estar dentro de um município, ser igual aos seus limites político-administrativos ou abranger mais de um município.

Fonte: Elaborado com base em Brasil, 1965, 1997, 2024d.

Pesquisas com amostras probabilísticas e nacionais mostram que a maioria dos cidadãos brasileiros vota perto de suas residências (Ibope, 2014; Lapop, 2019). O Ibope Inteligência, do Instituto Brasileiro de Opinião Pública e Estatística (Ibope, 2014, p. 7), por exemplo, verificou que 69% dos brasileiros que votaram no primeiro turno das eleições de 2014 reportaram que o local onde votam "é perto da sua casa e você vai a pé" e outros 19% indicaram que "é perto da sua casa e mesmo assim você utiliza uma condução". Na pesquisa do Barômetro das Américas, realizada pelo Latin American Public Opinion Project (Projeto de Opinião Pública da América Latina), da Vanderbilt University (Lapop, 2019), 63% dizem que o local de votação é perto de casa, mas que vão a pé, e 10% dizem ser perto e não ir a pé. O Lapop (2019) apontou ainda que 67% dos eleitores afirmam que o local de votação fica a menos de 15 minutos de suas residências e 20% dizem que o local fica entre 15 e 30 minutos.

Portanto, ainda que muitos eleitores deixem de atualizar seus cadastros na Justiça Eleitoral e optem por votar em locais distantes de sua residência atual, a enorme maioria dos brasileiros diz votar perto de sua casa. Assim, consideramos ser razoável tomar o voto em determinados locais como indicador da vontade eleitoral dos cidadãos da região na qual eles residem.

(2.1)
Organização dos dados de resultados eleitorais

Como isso se traduz, na prática, para a organização dos dados? O TSE (Brasil, 2024b) divulga os resultados eleitorais em três tipos principais de bancos de dados. A depender do objetivo da análise, o pesquisador deve escolher aquele(s) mais adequado(s). A seguir, apresentamos as principais características de cada um desses bancos de dados. Para mais informações, confira o arquivo *leia-me* que é compartilhado no Portal de Dados Abertos do TSE (Brasil, 2024a)[2] junto com o *download* dos dados.

Votação nominal por município e zona

Entre os arquivos do TSE estão os resultados de cada candidato por município e zona eleitoral. Como vimos no início deste capítulo, alguns municípios têm mais de uma zona eleitoral, enquanto outros compartilham a mesma zona eleitoral. Cada observação (linha) desse banco traz a votação de um candidato em um município/zona, chegando-se, dessa forma, à menor dessas agregações, seja a zona (no caso de um município com diversas zonas), seja o município (no caso inverso).

Um cuidado relevante que se deve ter com essas tabelas é que tais observações estão separadas por turno da eleição. Portanto, caso você não especifique para qual deles deseja obter o resultado, há o risco de agrupar os dois turnos na análise. No exemplo a seguir, fazemos o *download* e a importação desses dados para as eleições de 2022, incluindo os resultados presidenciais, utilizando o pacote *electionsBR* (Meireles; Silva; Costa, 2016). Em seguida, extraímos somente os votos do 1º turno e calculamos os percentuais de votos válidos obtidos pelo candidato Luiz Inácio Lula da Silva em cada município brasileiro.

---

2   *Os dados de resultados eleitorais podem ser encontrados nos arquivos apresentados no Portal de Dados Abertos do TSE (Brasil, 2024a). Você pode observar que os resultados são divididos por anos. Para cada um dos anos, há uma série de arquivos, em linhas gerais, separados conforme a estrutura discutida nesta seção.*

```r
# Importa dados de votação nominal por município e zona
voto_mun_zona_2022 <- elections_tse(
    2022, type = "vote_mun_zone",
    # Esse argumento é necessário para incluir a tabela
    # br, que traz os dados de presidente
    br_archive = T)

# Obtemos o voto percentual em Lula no 1T de 2022 por
município
lula2022 <- voto_mun_zona_2022 |>
    # Filtra somente as observações de 1T para presidente
    filter(NR_TURNO == 1 & DS_CARGO == "Presidente") |>
    # Com base nas seguintes variáveis:
    group_by(SG_UF, CD_MUNICIPIO, NM_MUNICIPIO) |>
    # Calcula o total de votos no 1T
    mutate(VOTOS_MUN = sum(QT_VOTOS_NOMINAIS)) |>
    ungroup() |>
    # Filtra somente as observações de Lula e 1T
    filter(NR_PARTIDO == 13) |>
    # Com base nas seguintes variáveis:
    group_by(SG_UF, CD_MUNICIPIO, NM_MUNICIPIO, VOTOS_
MUN) |>
    # Soma votos por município, mantendo só essas colunas
    summarise(VOTOS = sum(QT_VOTOS_NOMINAIS)) |>
    ungroup() |>
    # Calcula o percentual
    mutate(PERCENTUAL = 100*(VOTOS/VOTOS_MUN))

# Exporta o objeto em formato .rds para facilitar o
# uso futuro (crie a pasta "dados", se necessário)
saveRDS("dados/lula2022.rds")

# Extrai uma amostra aleatória de 10 observações para
# observarmos o resultado
slice_sample(lula2022, n = 10)
```

É preciso destacar uma cautela final com esses bancos de dados: eles não trazem todos os votos válidos nesses municípios/zonas, uma vez que não incluem os votos de legenda, somente os votos nominais. Isso não é um problema quando estamos falando das disputas majoritárias (presidente, governador, senador, prefeitos), mas pode afetar análises de cargos proporcionais (deputados federais, estaduais, distritais e vereadores), em que os votos de legenda são considerados votos válidos e devem ser incluídos nos cálculos de distribuição de cadeiras. Caso a analista deseje obter os votos de legenda em determinado município/zona, deverá recorrer a um dos dois conjuntos de dados descritos nas próximas subseções.

Votação em partido por município e zona

Os arquivos com a votação dos partidos por município e zona, por sua vez, não incluem as votações individuais de candidatos. Para cada município/zona, os dados são agregados no nível do partido, com a informação do número de votos nominais e de legenda obtidos por aquela agremiação. Assim, cada observação desse banco traz as informações daquele partido no município/zona/cargo/turno.

No exemplo a seguir, combinamos o banco de dados de votação em partido por município/zona com aquele de votação dos candidatos por município/zona, que trabalhamos anteriormente, mas agora aplicado a um candidato em eleições proporcionais. No caso, produzimos um objeto que contém a votação para o ex-presidente da Câmara dos Deputados, o deputado Arthur Lira, em cada município alagoano nas eleições de 2022. Em resumo, obtemos os votos de legenda nessas eleições com o banco da votação em partido por município/zona e incluímos essas informações em um objeto com os votos de Arthur Lira por município. Com isso, podemos calcular o percentual de votos válidos que ele obteve nessas localidades e analisar aqueles dez municípios em que ele foi mais bem votado.

```r
# Votação em partido por município e zona
partido_zona_mun_2022 <- elections_tse(2022, type = "party_mun_zone")

# Preparar o banco partido_zona_mun_2022 para
# trazer os votos de legenda
votos_legenda_al <- partido_zona_mun_2022 |>
    # Filtra somente as eleições de deputado federal
    # no estado de Alagoas
    filter(DS_CARGO == "Deputado Federal" & SG_UF == "AL") |>
    # Calcula o n. de votos de legenda por partido/
    município
    group_by(ANO_ELEICAO, SG_UF, CD_MUNICIPIO, NM_MUNICIPIO, SG_PARTIDO) |>
    summarise(VOTOS = sum(QT_TOTAL_VOTOS_LEG_VALIDOS)) |>
    ungroup() |>
    # Renomeia variável para empilhar com votos nominais
    rename(NM_URNA_CANDIDATO = SG_PARTIDO)

# Obter e organizar votos de Arthur Lira
arthur_lira_2022 <- voto_mun_zona_2022 |>
    # Filtra somente as eleições de deputado federal no
    estado de Alagoas
    filter(DS_CARGO == "Deputado Federal" & SG_UF == "AL") |>
    # Com base nas seguintes variáveis:
    group_by(ANO_ELEICAO, SG_UF, CD_MUNICIPIO, NM_MUNICIPIO, NM_URNA_CANDIDATO) |>
    # Soma os votos de cada candidato por município,
    # mantendo somente essas colunas
    summarise(VOTOS = sum(QT_VOTOS_NOMINAIS)) |>
    ungroup() |>
    # Empilha o voto de legenda
    bind_rows(votos_legenda_al) |>
    # Com base nas seguintes variáveis:
    group_by(SG_UF, CD_MUNICIPIO, NM_MUNICIPIO) |>
    # Calcula o total de votos no 1T
    mutate(VOTOS_MUN = sum(VOTOS)) |>
    ungroup() |>
    # Filtra somente as observações de Arthur Lira
    filter(NM_URNA_CANDIDATO == "ARTHUR LIRA") |>
    # Calcula o percentual
    mutate(PERCENTUAL = 100*(VOTOS/VOTOS_MUN))

# Exporta o objeto em formato .rds
saveRDS("dados/arthur_lira_2022.rds")

# Imprime os 10 municípios onde Arthur Lira teve o melhor
# desempenho no percentual de votos válidos da cidade
slice_max(arthur_lira_2022, PERCENTUAL, n = 10)
```

Votação por seção eleitoral

Por fim, os bancos de votação por seção eleitoral trazem os resultados de partidos (voto de legenda) e candidatos em cada urna do país. Como você deve imaginar, essas são tabelas com uma enorme quantidade de informações. Por isso, o TSE somente disponibiliza esses arquivos por unidade da Federação – UF (ou, no caso das disputas presidenciais, somente para essas disputas, mas em todas as UFs).

Ao considerarmos o voto numa escala intramunicipal, podemos agregar o voto tanto por zona quanto por local de votação. Se desejamos agregar os votos por zona, seria mais simples utilizarmos as tabelas de resultado por município-zona, vistas anteriormente. Ou seja, o sentido de usar o banco de voto por seção está na necessidade de investigar o resultado de urnas (específicas ou conjuntamente, pelo perfil do eleitorado dessas urnas[3]) ou agregar os votos no local de votação.

No código a seguir, baixamos os votos por seção no Estado de Minas Gerais em 2020 e selecionamos somente os votos obtidos pelo candidato Nikolas Ferreira no município de Belo Horizonte. Em seguida, incluímos em seus resultados aquelas urnas em que ele não obteve votos, uma vez que esses bancos de dados não incluem tal informação. Ao final, somamos seus resultados por local de votação.

---

3 *Como fazem Limongi e Guarnieri (2014, 2015, 2018), para as eleições presidenciais brasileiras, ou Limongi e Mesquita (2011) e Silotto (2017), para as eleições no município de São Paulo.*

```
# Votação por seção eleitoral
voto_secao_2020 <- elections_tse(
2020, type = "vote_section",
# Esta opção do argumento type demanda
# a especificação de alguma das UFs
uf = "MG")

# Filtra pelo município de Belo Horizonte
voto_secao_2020_bh <- voto_secao_2020 |>
    filter(CD_MUNICIPIO == 41238)

# Cria uma lista com todos as zonas-seções da cidade, pois o
# voto-seção não traz os candidatos não votados por urna
zona_secao_2020_bh <- voto_secao_2020_bh |>
    select(ANO_ELEICAO, NR_ZONA, NR_SECAO, NR_LOCAL_
    VOTACAO) |>
    distinct()

# Calcula os votos de Nikolas Ferreira por local de votação
nikolas_2020_bh <- voto_secao_2020_bh |>
    filter(NM_VOTAVEL == "NIKOLAS FERREIRA DE OLIVEIRA") |>
    # Preenche a votação de Nikolas Ferreira com os 0
    right_join(zona_secao_2020_bh) |>
    mutate(QT_VOTOS = ifelse(is.na(QT_VOTOS), 0, QT_VOTOS),
    NR_VOTAVEL = ifelse(is.na(NR_VOTAVEL), 28000, NR_
    VOTAVEL)) |>
    # Agrupa votos por local de votação
    group_by(ANO_ELEICAO, NR_VOTAVEL, NR_ZONA, NR_
    LOCAL_VOTACAO) |>
    summarise(VOTOS = sum(QT_VOTOS)) |>
    ungroup()

# Exporta o objeto em formato .rds
saveRDS("dados/nikolas_2020_bh_lv.rds")
```

A partir dos dados de seções eleitorais, podemos agregar resultados em quaisquer níveis desejados (local de votação, zonas, bairros, subdistritos, distritos, municípios, microrregiões, macrorregiões, entre outros), contanto que essas informações estejam incluídas na tabela. Em seus arquivos, o TSE inclui somente aqueles níveis pertinentes à sua organização: seções, locais de votação, zonas, municípios e UFs. Como veremos na Seção 2.2, podemos unir informações de outros níveis a essas informações do TSE.

Orientações gerais

Em resumo, como definir qual banco de dados utilizar? A seguir, apresentamos algumas orientações gerais, mas que não esgotam a questão e podem conter exceções. O Quadro 2.2 resume essas recomendações.

- Para analisar eleições majoritárias a partir de um nível de agregação mínimo de município/zona eleitoral, o mais simples seria utilizar o banco de dados de votação nominal por município e zona.

- No caso de eleições proporcionais sob esse mesmo nível de agregação, o banco de dados de votação nominal por município e zona só será adequado caso o analista não necessite dos votos de legenda. Caso ele necessite, será necessário acrescentar essa informação, obtida no banco de dados de votação em partido por município e zona, a outra tabela.

- Por fim, para agregações menores do que município/zona eleitoral, será necessário utilizar o banco de dados de votação por seção eleitoral. Você certamente poderia utilizar esse banco para os dois casos anteriores. Porém, lembre-se de que será necessário importar um volume substantivamente maior de dados para as mesmas análises, que depois precisarão ser agregadas ao nível da zona/município.

Quadro 2.2 – Recomendações para a escolha do banco de dados de resultados eleitorais mais pertinentes para diferentes análises

Objetivo de análise	Banco de dados
Eleições majoritárias com agregação mínima de munícipio/zona eleitoral	Votação nominal por município e zona
Eleições proporcionais com agregação mínima de município/zona eleitoral em que não seja necessário incluir votos de legenda	Votação nominal por município e zona
Eleições proporcionais com agregação mínima de município/zona eleitoral em que seja necessário incluir votos de legenda	Votação nominal por município e zona e votação em partido por município e zona
Quaisquer eleições em que seja necessário agregar votos em um nível menor do que o município/zona eleitoral	Votação por seção eleitoral

2.2
COMO A ORGANIZAÇÃO DE DADOS ELEITORAIS SE RELACIONA COM OUTRAS DIVISÕES TERRITORIAIS?

A organização territorial descrita anteriormente pode ser associada com outras divisões, de forma direta ou indireta. Portanto, seria possível adicionar outras informações relevantes para análise, como dados socioeconômicos.

No caso dos bancos de dados em que o nível de agregação mínimo dos votos é o município (isto é, em que o município é a maior desagregação em questão), podemos associar informações com base nas cidades ou em suas agregações (como microrregiões ou UFs). Trata-se, pois, de associação direta de informações.

Uma das dificuldades para fazer essa união direta de bancos de dados se deve à ausência de identificadores comuns[4] no nível dos municípios entre os dados eleitorais e de outras fontes. Isso porque o TSE utiliza um código identificador próprio para representar cada município brasileiro[5]. Esse identificador se distingue, por exemplo, daquele produzido pelo Instituto Brasileiro de Geografia e Estatística (IBGE) para os mesmos fins – sendo o identificador do IBGE adotado de forma mais ampla.

Diversos pesquisadores já facilitaram nosso trabalho e criaram tabelas com a correspondência de códigos do IBGE e do TSE. No exemplo a seguir, utilizamos uma dessas tabelas – produzidas pelo Centro de Política e Economia do Setor Público (Cepesp), da Fundação Getulio Vargas (FGV, 2024) – para adicionar o código do IBGE aos dados de votação de Lula em 2022, produzidos na seção anterior. Em seguida, unimos os resultados eleitorais com a informação do índice de Gini (um indicador de desigualdade de renda) para cada município brasileiro no ano de 2010, extraído do Ipeadata[6] (Ipea, 2024), por meio do código do IBGE.

---

4 *É recomendável que os identificadores sejam importados/lidos em formato texto* (string/character), *ainda que eles sejam numéricos, para evitar problemas na importação/exportação desses identificadores (como a exclusão de "zeros à esquerda").*

5 *A união de tabelas por meio dos nomes de municípios não é uma prática aconselhada, pois existem municípios com o mesmo nome em diferentes UFs, além de ser comum encontrarmos diferenças de grafias nos nomes dos municípios, que podem atrapalhar a perfeita união dessas tabelas.*

6 *Plataforma de disponibilização de dados públicos do Instituto de Pesquisa Econômica Aplicada (Ipea).*

```r
# Tabela de IDs TSE-IBGE
ids_ibge <- read_csv("https://raw.githubusercontent.com/
GV-CEPESP/cepespdata/refs/heads/main/tabelas_auxiliares/
dados/codigo_municipio_ibge_tse.csv",
    col_types = c("cccccccccccc")) |>
    select(UF, COD_MUN_TSE, COD_MUN_IBGE) |>
    distinct()

# Passamos o código do município (IBGE)
# ao objeto com a votação de Lula/2022
lula2022 <- lula2022 |>
    left_join(ids_ibge,
    by = c("CD_MUNICIPIO" = "COD_MUN_TSE", "SG_UF" = "UF"))

# Importa tabela com o índice de Gini/município - IPEA Data
gini2010 <- read_csv2("dados/ipeadata_gini.csv", skip = 1) |>
    # Renomeia variáveis para facilitar manipulação de dados
    rename_with(~ c("uf", "cod_mun", "municipio", "gini2010", "vazio"))
    |>
    # Transforma a variável cod_mun para character
    mutate(cod_mun = as.character(cod_mun)) |>
    select(uf, cod_mun, gini2010)

# Agora podemos passar essa informação para o objeto
lula2022 lula2022 <- lula2022 |>
    left_join(gini2010, by = c("COD_MUN_IBGE" =
    "cod_mun"))
```

Contudo, é quando buscamos desagregar os votos para além dos municípios (ou seja, dentro dos municípios) que as dificuldades maiores acontecem. Nesses casos, a estrutura formulada pela legislação eleitoral brasileira não tem correspondência direta com a do espaço político-administrativo das cidades (Rodrigues-Silveira, 2013b; Gelape, 2017).

Para esses casos, o pesquisador pode adotar algumas soluções. A mais simples delas[7] é agregar os votos em locais de votação e, por meio de sua localização, realizar uma união espacial entre esses pontos e alguma outra área (em geral, político-administrativa). Assim, a aproximação com essas outras áreas será feita de forma indireta (Rodrigues-Silveira, 2013b).

No código a seguir, recorremos a uma base de dados espaciais do Centro de Estudos da Metrópole, da Universidade de São Paulo (CEM-USP), que organiza alguns dados referentes aos locais de votação. Mais especificamente, trata-se de um *shapefile* de resultados eleitorais por local de votação das regiões metropolitanas brasileiras (Centro de Estudos da Metrópole, 2023).

Shapefile é o nome dado a um conjunto de arquivos que armazena dados espaciais. Para utilizá-los, devemos importar somente o arquivo com extensão .shp. Porém, é importante destacar que o *shapefile* é composto por todos os arquivos com o mesmo nome daquele com extensão .shp, mas que têm extensões diferentes, como .prj ou .dbf. Assim, o analista não deve apagar os demais arquivos de seu computador.

No entanto, a tabela de atributos do *shapefile* de resultados por local de votação mencionado anteriormente não contém a informação dos bairros onde esses locais de votação se encontram. Quando

---

7   No caso de dados socioeconômicos, uma opção mais complexa e custosa computacionalmente é utilizar informações de setores censitários (a unidade básica do Censo) para calcular diversos indicadores em diferentes áreas possíveis. Por exemplo, um levantamento do jornal O Estado de S. Paulo *(Menegat; Lago, 2018)* considerou que cada local de votação tinha uma área correspondente a um polígono de Voronoi – área dividida em diversos polígonos em que cada um corresponde a um ponto nessa área, sendo que qualquer ponto dentro desses polígonos está mais próximo de seu ponto de referência do que dos demais pontos de referência *(Gelape, 2021)* – e calculou os indicadores de cada polígono com base nesses setores.

oficialmente definidos, bairros são, na verdade, limites administrativos estabelecidos pelos próprios municípios. Ou seja, nem todos os municípios têm bairros (o município de São Paulo, por exemplo, não os define oficialmente) e podemos não encontrar bases de dados que tragam essa informação consolidada.

Numa análise do caso belo-horizontino, decidimos incorporar essa variável *bairro*, por sua potencial relevância de análise[8]. Para isso, importamos outro *shapefile*, agora com os limites administrativos dos bairros, obtidos no site da Prefeitura de Belo Horizonte (2024). Em seguida, realizamos uma união espacial desses dois objetos espaciais (o de locais de votação e o de bairros). Assim, agora os dados de locais de votação contêm uma coluna com o bairro onde eles se encontram.

```
# Importa shapefile de resultados por local de votação das RMs
lv_rms <- read_sf(
    "dados/EL2022_LV_RMBRA_CEM_V1/
    EL2022_LV_RMBRA_CEM_V1.shp",
    options = "ENCODING=WINDOWS-1252", crs = 4674)

# Filtra somente pelo município de Belo Horizonte
lv_bh <- lv_rms |>
    filter(MUN_NOME == "BELO HORIZONTE") |>
    select(ID, ANO_ELE, COD_LV, NOME_LV, LV_TIT, LV_
    TIPO, END_LV, RME_NOME, MUN_SIG, MUN_NOME, MUN_NM_A,
    CD_MUN_T, CD_MUN_I, SG_UF, CD_UF, ZE_COD, ZE_NUM,
    ZE_NOME, FR_LIM, ORIG_LL)

# Importa shapefile de bairros de Belo Horizonte
bh_bairros <- read_sf("dados/BAIRRO_OFICIAL/BAIRRO_
OFICIAL.shp",
    options = "ENCODING=WINDOWS-1252") |>
    # Precisamos alterar os crs, pois precisam ser o mesmo
    st_transform(4674)
```

---

8   Essa é uma unidade frequentemente utilizada em trabalhos de geografia eleitoral nos municípios, como em Nicolau e Terron (2012), Rodrigues-Silveira (2013b), Terron, Ribeiro e Lucas (2012) e Gelape (2017). As referências anteriores apresentam discussões sobre os potenciais e os limites do uso desse nível de agregação.

```
# União espacial dos dois objetos
lv_bh_bairros <- st_join(lv_bh, bh_bairros)

# N. de bairros únicos com locais de votação (195):
# número menor que o total de bairros na cidade
length(unique(lv_bh_bairros$NOME))
```

Em nosso resultado final, verificamos que o número de bairros únicos em que encontramos locais de votação é menor do que o número total de bairros em Belo Horizonte. Ou seja, nem todos os bairros têm um local de votação. Desse modo, verificamos como essa aproximação indireta pode afetar as análises (é importante ter o cuidado de indicar essa ausência de dados em visualizações, por exemplo).

(2.3)
Dados geocodificados de locais de votação

De um ponto de vista da geografia eleitoral, o principal interesse no uso de dados de resultados por seção eleitoral consiste em localizar essas seções. Como vimos anteriormente, as seções são agrupadas pelos TREs em locais de votação. Provavelmente, ao ir votar, você se lembra de checar o endereço de seu local de votação. Esses endereços são divulgados em larga escala pelo TSE.

Até recentemente, estavam disponíveis bases de dados com os endereços para todos os locais de votação do país desde as eleições de 2008, porém sem as coordenadas geográficas. Assim, pesquisadores que se interessassem pela espacialização desses locais precisavam geocodificar os endereços (Rodrigues-Silveira, 2013b; Gonçalves, 2016; Gelape, 2017).

Atualmente, o TSE divulga para o público em geral informações sobre coordenadas de locais de votação – coletadas pelos Tribunais

Regionais Eleitorais (TRE) – para as disputas ocorridas a partir de 2010. Até o momento, elas se encontram nos arquivos de "Eleitorado por local de votação"[9], isto é, entremeadas a informações sobre eleitores nessa agregação. O código a seguir exemplifica como baixar e importar essas informações para o R, a partir dos dados para o pleito de 2022.

```
##### Abertura dos dados de locais de votação
# Importação dos dados
eleitorado_secao_22 <- read_csv2(
  "dados/eleitorado_local_votacao_2022/eleitorado_
  local_votacao_2022.csv", locale = locale(encoding =
  "latin1"),
  # Abre todas as colunas como character
  col_types = str_c(rep("c", 41), collapse = "")) 
# Limpeza das variáveis de lat/long e endereço
eleitorado_secao_22 <- eleitorado_secao_22 |>
  mutate(
    # Transforma os valores de NR_LONGITUDE/LATITUDE == -1
    por NA
    NR_LONGITUDE = ifelse(NR_LONGITUDE == "-1", NA,
    NR_LONGITUDE),
    NR_LATITUDE = ifelse(NR_LATITUDE == "-1", NA,
    NR_LATITUDE),
    # Remove espaços extras
    DS_ENDERECO = str_squish(DS_ENDERECO)) |>
  # Adiciona coluna de código do IBGE
  # left_join(ids_ibge, by = c("CD_MUNICIPIO" = "COD_
  MUN_TSE")) |>
  filter(
    # Remove as urnas localizadas no exterior
    !SG_UF == "ZZ",
    # Mantém só o primeiro turno para remover duplicatas
    NR_TURNO == 1)
```

No momento da elaboração deste livro, o percentual de preenchimento dessa informação é de aproximadamente 80% dos locais de

---

9   Na estrutura do Portal de Dados Abertos do TSE (Brasil, 2024a), dentro do grupo de arquivos "Eleitorado" (Brasil, 2024c) existem conjuntos de dados sobre cada ano eleitoral. Entre esses conjuntos de dados está o "Eleitorado por local de votação".

votação, com exceção das eleições de 2020 e 2024, em que ele chega a cerca de 89% e 94%, respectivamente. Como o preenchimento não é uniforme em todo o país, você deve ter cautela no uso dessa informação, pois ela pode estar incompleta para os casos desejados.

Até essa recente divulgação, o esforço mais compreensivo[10] de geocodificação de endereços de locais de votação foi realizado pelo professor Daniel Hidalgo (do Massachusetts Institute of Technology – MIT), com a contribuição de pesquisadores do FGV Cepesp e de outros colaboradores (Hidalgo, 2024). Em linhas gerais, para predizer as coordenadas geográficas dos locais de votação, este trabalho buscou encontrar em outras fontes de registros administrativos – o Cadastro Nacional de Endereços para Fins Estatísticos (CNEFE) do Censo de 2010 e de 2022 e do Censo Agropecuário de 2017 (IBGE, 2024a, 2024b, 2024c) e o Catálogo de Escolas do Instituto Nacional de Estudos e Pesquisas Educacionais Anísio Teixeira (Inep, 2019) – a coordenada que mais se aproxima do registro de local de votação do TSE, sendo empregada uma abordagem de aprendizado de máquina[11] (Hidalgo, 2021). Os dados desse trabalho de geocodificação dos locais de votação estão publicamente disponíveis, acompanhados de documentação em inglês, em Hidalgo (2024).

Qual dessas fontes você deveria utilizar? Sempre que disponíveis, recomendamos o uso dos dados disponibilizados pelo TSE. Caso eles não estejam completos, você pode integrar os dados produzidos por

---

10 *Até o esforço descrito no parágrafo, grupos de pesquisa como o CEM-USP produziam esses dados para alguns municípios de interesse em suas pesquisas, utilizados em pesquisas como as de Silva (2011). Para além desses grupos, os dados eram produzidos (ainda que não exclusivamente) prioritariamente por pesquisadores que se dedicavam a alguns estudos de caso, como os de Rodrigues-Silveira (2013b, 2015), Terron, Ribeiro e Lucas (2012), Faganello (2017) e Gelape (2017).*

11 *Para mais informações, leia a nota metodológica disponibilizada em Hidalgo (2021).*

Hidalgo (2024) ou coletar os dados faltantes – seja à mão, seja por geocodificação automatizada.

Chamamos de *geocodificação*[12] o processo de atribuir coordenadas a uma localização/evento, com base em informações obtidas/existentes sobre essa observação, como o respectivo endereço. Assim, por meio desse procedimento, somos capazes de adicionar informações espaciais a dados que não as apresentavam.

A geocodificação automatizada de endereços é uma das principais funcionalidades existentes em sistemas de informação geográfica (SIGs). Por intermédio dela, inserimos uma série de endereços por meio de uma função e recebemos as coordenadas como resultado desse processo. Existe uma série de plataformas (gratuitas ou pagas) que oferecem esse serviço. Com o pacote *tidygeocoder*, podemos utilizar a mesma função (a *geocode*) para diversos desses serviços. Entre os serviços que podem ser utilizados com essa função (na versão 1.0.5 do pacote) estão: Nominatin (2024), do OpenStreetMap, Google (2024), Here (2024), MapQuest (2024), Bing (2024) e ArcGIS (2024).

No código a seguir, utilizamos a função *geocode* para utilizar o Nominatin (2024) para geocodificar os endereços de locais de votação do município de São Paulo para os quais não estavam registradas as coordenadas geográficas nos dados do TSE.

---

12 *Esse processo é muitas vezes chamado de* georreferenciamento. *Apesar de essa expressão ser utilizada genericamente para englobar operações como a geocodificação (Longley et al., 2015), Di Salvatore e Ruggeri (2021, p. 4, tradução nossa) apontam que se trata de tarefas diferentes, pois o "georreferenciamento envolve designar sistemas de coordenadas (por exemplo, WGS, 1984) a uma imagem,* raster *ou vetor".*

```r
# Mantemos somente as variáveis diretamente sobre locais de
# votação, pois ele traz outros dados de eleitorado

lv22 <- eleitorado_secao_22 |>
    select(DT_GERACAO, AA_ELEICAO,
    SG_UF, CD_MUNICIPIO, NM_MUNICIPIO, NR_ZONA, NR_SECAO,
    NR_LOCAL_VOTACAO, NM_LOCAL_VOTACAO, DS_ENDERECO,
    NM_BAIRRO, NR_CEP,
    NR_LATITUDE, NR_LONGITUDE)

# Selecionamos somente o município de SP, para
# geocodificar locais de votação cujas
# coordenadas não foram informadas pelo TSE
lvsp22_na <- filter(lv22, CD_MUNICIPIO == 71072)

# Filtra somente por aqueles que não têm lat-long
lvsp22_na <- filter(lvsp22, is.na(NR_LATITUDE))

# Geocodificar os endereços
# A função automaticamente identifica os endereços únicos
# a serem geocodificados (em nosso caso, são 101),
# e já os coloca na posição adequada na tabela
lvsp22_geocode <- lvsp22_na |>
    # Cria variável com o nome do país para o geocode
    mutate(PAIS = "BRASIL") |>
    geocode(
    street = DS_ENDERECO, city = NM_MUNICIPIO,
    state = SG_UF, country = PAIS,
    # Definimos o serviço de geocodificação a ser utilizado
    method = 'osm',
    # Guardaremos as informações de coordenadas
    # em colunas chamadas "_osm"
    lat = lat_osm, long = long_osm)
```

Contudo, devemos ter cautela com os resultados obtidos. Existem diversas possibilidades de erros, como: (i) a não obtenção de coordenadas para alguns endereços; (ii) a obtenção de coordenadas a uma grande distância dos limites municipais; ou (iii) a identificação errada de locais mesmo dentro dos limites municipais. Assim, é uma boa prática inspecionar os dados obtidos.

Para o último problema listado, o ideal é a checagem das coordenadas obtidas, que pode ser feita pela pesquisa em serviços de mapas *online*, confrontados com o resultado obtido. Caso o número de observações torne essa tarefa custosa (o que ocorrerá na maior parte das vezes), o ideal é que se sorteie uma amostra aleatória de parte desses endereços a serem checados. Os outros dois problemas podem ser investigados por meio da exploração dos dados com códigos, como demonstrado a seguir.

```
### 1. Não obtenção de coordenadas

# Ponto 1: analisar a possível existência de missing data
table(is.na(lvsp22_geocode$lat_osm))
# Não foi possível coletar coordenadas de 104 seções

### 2. Coordenadas fora de limites municipais

# Em segundo lugar, verificamos se os pontos geocodificados
# estão dentro dos limites do município em questão.
# Para tanto, importamos um objeto espacial que tenha
# esses limites municipais e realizamos uma união espacial.
# Colunas que retornam NA sugerem pontos fora dos limites

# Transformar o objeto com os locais de votação
# recém-geocodificados num objeto espacial
lvsp22_geocode_sf <- lvsp22_geocode |>
    # Removemos os NA, pois caso eles existam não é
    # possível realizar a transformação
    filter(!is.na(lat_osm)) |>
    # Aponta as variáveis referentes a long-lat e o crs
    st_as_sf(coords = c("long_osm", "lat_osm"), crs =
    4326) |>
    # Transforma o objeto com os locais geocodificados em sf
    st_transform(4674)

# Baixa os limites de SP como um objeto espacial
sp_geobr <- geobr::read_municipality(code_muni = 3550308)
```

```
# Une espacialmente, e traz as colunas de sp_geobr, com
# os valores correspondentes aos polígonos que os
# pontos de lvsp22_geocode_sf fazem interseção
lvsp22_geocode_sp_join <- st_join(lvsp22_geocode_sf,
sp_geobr)

# Inspecionamos o número de NA em quaisquer das variáveis que
# tenham sido anexadas do objeto sp_geobr
table(is.na(lvsp22_geocode_sp_join$code_muni))
# Vemos que 136 seções estão fora dos limites municipais

# Podemos inspecionar visualmente esse teste de consistência
# ao plotar os pontos sobre o mapa municipal de SP
ggplot() +
    # Primeiro, inserimos a camada com sp_geobr,
    # pois ela ficará ao fundo
    geom_sf(data = sp_geobr) +
    # Em seguida, adicionamos nossa camada de pontos
    geom_sf(data = lvsp22_geocode_sf) +
    # Adicionamos título e legenda ao mapa
    labs(title = "Locais de votação geocodificados (São
    Paulo, 2022)")
```

Por meio desse resultado, observamos que ainda restam algumas seções eleitorais em que não foi possível realizar a geocodificação automatizada via Nominatin (2024). Além disso, outras seções foram localizadas fora dos limites municipais de São Paulo, sendo que certa quantidade delas se encontra a grandes distâncias da capital, como visto no Mapa 2.1, a seguir[13]. As observações com dados faltantes e aquelas que se encontram muito longe[14] das fronteiras municipais são candidatas naturais à geocodificação manual.

---

13   *O TSE frequentemente atualiza os dados disponibilizados no Portal de Dados Abertos. No caso dos dados deste exemplo, houve uma atualização que implicou em mudanças nos resultados descritos e no Mapa 2.1. O analista não deve se surpreender caso observe resultados distintos, pois eles provavelmente se devem a atualizações dos dados ou do serviço de geocodificação.*

14   *No Capítulo 4, veremos uma das formas de calcular distâncias.*

Mapa 2.1 – Locais de votação geocodificados

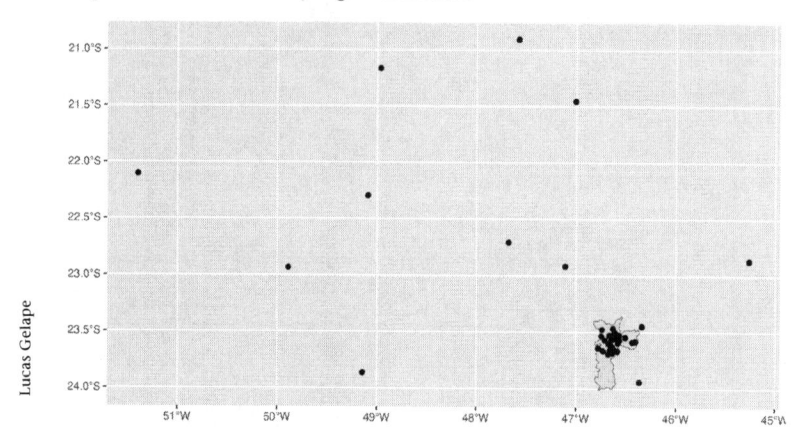

[gráfico de dispersão mostrando pontos entre 21.0°S–24.0°S e 51°W–45°W]

Fonte: Elaborado com base em Brasil, 2024a; IBGE, 2010b; Nominatin, 2024.

(2.4) VISUALIZAÇÃO ESPACIAL DE DADOS ELEITORAIS: OS MAPAS ELEITORAIS

Como já vimos como importar dados eleitorais e uni-los com outras fontes de dados, tanto por uniões espaciais quanto por uniões não espaciais, nesta seção final, vamos trabalhar com a visualização de dados eleitorais. Mais especificamente, produziremos o que é conhecido como *mapa coroplético*, aquele mapa que atribui cores a áreas com base nos valores de determinada variável (Cairo, 2016).

Mapas são instrumentos para explorar dados e, ao final da análise, transmitir informações por meio de sua visualização (Cairo, 2016). No entanto, "um mapa é somente um de um número indefinidamente grande de mapas que podem ser produzidos para a mesma situação ou a partir dos mesmos dados" (Monmonier, 2018, p. 2, tradução nossa). Assim, a produção desse tipo de visualização demanda uma série de escolhas e cuidados[15], os quais, como nos lembra Cairo (2016), têm como objetivo transmitir informações confiáveis; em que padrões relevantes sejam visualmente perceptíveis; e apresentados de uma maneira atrativa e, ao mesmo tempo, honesta, clara e densa para o leitor.

Como ponto de partida, apresentamos algumas orientações básicas, seja para a produção, seja para a leitura de mapas. O princípio norteador da confecção de mapas é o de "menos é mais" (Rodrigues-Silveira, 2013a, p. 74, tradução nossa). Ou seja, o analista não deve exagerar na quantidade de informação inserida no mapa, mas também deve tomar cuidado para não colocar informações insuficientes para a sua leitura. Além desse princípio, o analista deve buscar seguir outras orientações[16]:

- Colocar o título na parte superior da figura, para facilitar a identificação do tema do mapa.
- Incluir a fonte da informação, preferencialmente na parte inferior da figura e com uma fonte menor que a dos demais textos da figura. Ao fazer isso, evitar o genérico "Fonte: elaborado pelo autor", pois se pode desejar compartilhar essa figura de outras formas. Uma boa sugestão seria: "Fonte: elaborado por Maria da Silva, com base em dados do TSE (2024)".

---

15 *Este é um assunto densamente estudado na visualização de dados, especialmente com a popularização de SIGs. Muitas vezes, autores "mentem" com mapas, mesmo sem terem consciência disso. Tais riscos ensejaram uma famosa obra –* How to Lie with Maps, *ou* Como mentir com mapas *(Monmonier, 2018), já em sua terceira edição, mas sem tradução para o português – em que eles são discutidos, com sugestões para analistas de dados.*

16 *Elas se baseiam em recomendações de Rodrigues-Silveira (2013b) e Cairo (2016) e são mais bem detalhadas em Gelape (2021), em que também se encontram outras orientações feitas por esses autores.*

- Incluir símbolos ou legendas com base no público ao qual o mapa se destina. Em um exemplo extremo, a topografia do terreno não é uma informação relevante para mapas eleitorais, salvo raras exceções. Tais elementos devem ser claros e utilizar bem os espaços vazios da figura.
- Tomar bastante cuidado com a configuração padrão dos *softwares*! Por exemplo, no caso de visualizações com o pacote *ggplot2* do R – aquele que utilizaremos –, a configuração padrão preenche uma variável contínua em diferentes áreas em uma escala de cores pouco intuitivas: os menores valores são representados por cores mais escuras. Assim, o analista deve adaptar a visualização ao seu objetivo, seja alterando as cores, seja alterando os pontos de corte ou outros elementos.

Nas próximas subseções, mostraremos como produzir mapas coropléticos com base nas tabelas que organizamos anteriormente neste capítulo, considerando-se as eleições de 2020 e 2022[17]. O primeiro deles é baseado na votação presidencial de Luiz Inácio Lula da Silva (Lula) em todos os municípios brasileiros; o segundo é o da votação de Arthur Lira nos municípios alagoanos; e o terceiro é o da votação de Nikolas Ferreira, que produziremos com base nos bairros da cidade de Belo Horizonte.

---

17 Mais exemplos de produção de mapas eleitorais com o uso da linguagem R podem ser vistos no material de Gelape, Guedes-Neto e Faganello (2023).

2.4.1 Eleições majoritárias: visualizando os votos de Lula em 2022

Iniciaremos com o exemplo da votação de Luiz Inácio Lula da Silva por município brasileiro no primeiro turno das eleições de 2022. Utilizaremos os dados produzidos em momento anterior deste capítulo, em que calculamos o percentual de votos válidos do município obtido por esse candidato. Para produzirmos uma visualização em mapas, precisamos unir esse dado a um objeto espacial de municípios brasileiros. Portanto, começamos essa atividade com a preparação dos dados.

Utilizaremos um conjunto de dados espaciais obtidos do IBGE (2010b) por meio do pacote *geobr* (Pereira et al., 2019). Para unir esses dados ao nosso objeto com a votação de Lula, também precisamos de uma tabela auxiliar com os códigos de município do IBGE e do TSE. Essa tabela permitirá fazer a conexão dessas duas fontes de dados distintas. Ao final, teremos um objeto espacial no qual uma das colunas mostra o percentual de votos do município, que é a informação que desejamos incluir no mapa.

```r
# Importa resultados de Lula em 2022
lula2022 <- readRDS("dados/lula2022.rds")

# Passamos o código do IBGE ao objeto
# com a votação de Lula/2022
lula2022 <- lula2022 |>
    left_join(ids_ibge,
      by = c("CD_MUNICIPIO" = "COD_MUN_TSE", "SG_UF" = "UF"))

# Faz download de objeto espacial dos municipios
br_municipios <- read_municipality() |>
    # Transforma para o crs 5880 para preservar
    # propriedades de distância
    st_transform(5880)

# Cria objeto espacial que inclui a votação de Lula/mun
lula2022_espacial <- br_municipios |>
    # Transforma a variável code_muni para character
    mutate(code_muni = as.character(code_muni)) |>
    # Pois ela será a variável identidade para união
    left_join(lula2022, by = c("code_muni" =
    "COD_MUN_IBGE"))
```

Existem alguns pacotes em R que podem ser usados para produzir mapas. Recomendamos o uso do *ggplot2*, pacote da família *tidyverse*, que conta com uma gramática para realizar diversos tipos de figuras, inclusive mapas. Em linhas gerais, essa gramática de gráficos funciona a partir de uma lógica de camadas: inserimos camadas de informações que vão formar as figuras. Para mapas, utilizamos a função *geom_sf*, que indica a intenção de produzir esse tipo de figura.

Uma das vantagens do *ggplot2* é que ele permite a personalização de uma ampla variedade de elementos. No código a seguir, apresentamos uma série de personalizações possíveis, com a documentação de cada uma delas. Nos demais códigos deste capítulo, somente incluiremos comentários de novas personalizações, para evitar repetições. Neste código, produzimos um mapa preenchido com uma escala de cor vermelha, em que tons mais fracos representam votações proporcionalmente menores nos municípios. O resultado é mostrado na sequência.

```r
# Produz a visualização com o ggplot2
ggplot() +
    geom_sf(
    data = lula2022_espacial,
    # Seleciona uma variável para preenchimento
    aes(fill = PERCENTUAL),
    # O argumento linewidth reduz a espessura das
    # linhas, o que é essencial para mapas que incluem
    # todos os municípios brasileiros
    linewidth = 0.01) +
    labs(
    # Adiciona nome/título da legenda
    fill = "Votos válidos\n(em %)") +
    # Adiciona uma paleta de cores ao argumento fill
    scale_fill_distiller(
    palette = "Reds",
    # O argumento direction define a ordem da
    # escala (crescente ou decrescente)
    direction = 1) +

    # Insere a barra de escala
    annotation_scale(
    # Posiciona a escala no canto inferior direito
    (bottom-right)
    location = "br",
    # Define a largura da barra de escala
    width_hint = 0.2) +
    # Insere a seta norte
    annotation_north_arrow(
    # Posiciona a seta no canto inferior direito
    location = "br",
    # Coloca a seta um pouco para cima,
    # para não se sobrepor a escala
    pad_y = unit(0.5, "in")) +
    # Muda o fundo para o tema bw
    theme_bw() +
    # Altera manualmente elementos do tema
    theme(
    # Posiciona a legenda na parte de baixo
    # e na horizontal

    legend.position = "bottom",
    legend.direction = "horizontal")
```

Mapa 2.2 – Votação de Lula (1º turno, 2022)

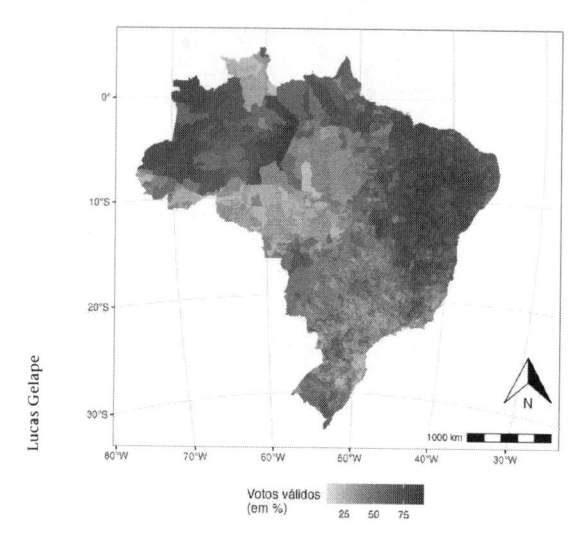

Fonte: Elaborado com base em Brasil, 2024a; IBGE, 2010b.

Como você pode ver, o resultado segue o padrão que esperávamos, com tons de vermelho mais fortes no Norte e no Nordeste. Para mapas de municípios brasileiros – ou de estados com muitos municípios, como Minas Gerais –, um cuidado importante a ser tomado é diminuir a espessura das linhas de fronteiras municipais. Caso tais linhas não sejam finas, elas se confundirão com o preenchimento do mapa, que é o objeto de interesse. Para verificar essa diferença, aumente o valor do argumento *linewidth* no código anterior e observe o resultado.

2.4.2 Eleições proporcionais: visualizando os votos de Arthur Lira em 2022

O mapa apresentado na seção anterior reproduz uma versão usualmente vista em diversos veículos de imprensa logo após as eleições estaduais. Nesta seção, exploraremos mapas de candidatos em eleições proporcionais, que são menos comuns de serem apresentados. Além disso, mostraremos como algumas escolhas podem ter repercussões sobre as inferências que os leitores podem produzir com base nessas imagens.

Assim como na figura anterior, iniciamos com a preparação dos dados. Um dos problemas do mapa com a votação de Lula é a dificuldade de distinguir os valores das diferentes cores de nossa paleta. Apesar de sabermos que cores mais escuras representam um percentual de votos maior, não é claro a qual valor corresponde cada tom de vermelho adotado. Para facilitar essa identificação, podemos categorizar a variável de percentual de votos, indicando faixas que representam diferentes valores. No mapa da seção anterior, também apresentamos a votação percentual em relação ao total de votos do município. Contudo, podemos calcular esse percentual em relação ao total de votos do candidato. Esses dois indicadores têm funções diferentes, como veremos a seguir.

```r
# Importa os resultados eleitorais de Arthur Lira
arthur_lira_2022 <- readRDS("dados/arthur_lira_2022.rds")
  |>
    # Renomeia variável
    rename(PERCENTUAL_MUN = PERCENTUAL) |>
    # Cria variável do percentual de votos do candidato
    mutate(PERCENTUAL_CAND = 100*(VOTOS/sum(VOTOS))) |>
    # Categoriza ambas as variáveis
    mutate(
      PERC_CAND_C = cut(PERCENTUAL_CAND, breaks = seq(0, 8,
        2),
      labels = c("0-2%", "2-4%", "4-6%", "6-8%")),
      PERC_MUN_C = cut(PERCENTUAL_MUN, breaks = seq(0, 60, 10),
      labels = c("0-10%", "10-20%", "20-30%",
      "30-40%", "40-50%", "50-60%")))

# Importa um objeto espacial com os municípios de Alagoas
al_municipios <- read_municipality(code_muni = "AL")

# Passamos o código do IBGE ao objeto com a votação
arthur_lira_2022 <- arthur_lira_2022 |>
    left_join(ids_ibge,
    by = c("CD_MUNICIPIO" = "COD_MUN_TSE", "SG_UF" =
    "UF"))

# Cria objeto com a votação de Arthur Lira por município
arthur_lira_2022_espacial <- al_municipios |>
    # Transforma a variável code_muni para character
    mutate(code_muni = as.character(code_muni)) |>
    # Pois ela será a variável identidade
    left_join(arthur_lira_2022, by = c("code_muni" =
    "COD_MUN_IBGE"))
```

Assim como no caso de Lula, iniciamos com o percentual de votos válidos que Arthur Lira obteve em relação ao total de um município. Porém, agora utilizaremos uma variável categórica e não uma variável contínua, de modo a facilitar a identificação de valores nos mapas. O intervalo dos valores de cada categoria foi definido manualmente no bloco de código anterior e foi dividido em intervalos de 10 em 10 pontos percentuais de votação no município, uma divisão intuitiva para o leitor.

```
# Produz a visualização com o ggplot2
ggplot() +
    geom_sf(
    data = arthur_lira_2022_espacial,
    aes(fill = PERC_MUN_C),
    linewidth = 0.1) +
    labs(
    fill = "Votos válidos\n(em %)") +
    annotation_north_arrow(
    location = "br",
    pad_y = unit(0.5, "in"),
    # Altera o estilo da seta norte
    style = north_arrow_nautical) +
    # Adiciona escala discreta de preenchimento
    scale_fill_brewer(palette = "BuPu") +
    # Muda o fundo para o tema minimal
    theme_minimal() +
    theme(
    # Posiciona a legenda à direita e na vertical
    legend.position = "right",
    legend.direction = "vertical")
```

Mapa 2.3 – Votação de Arthur Lira

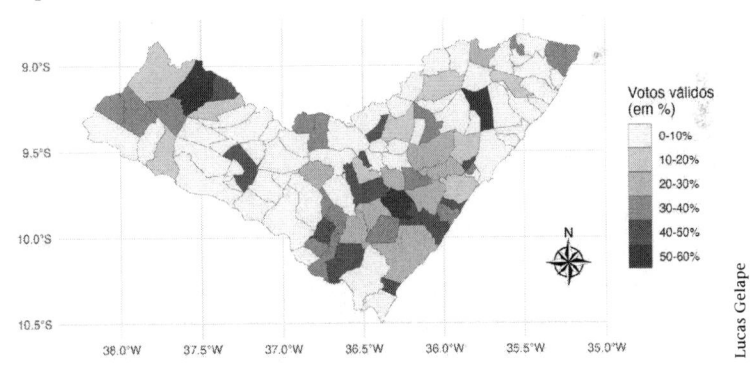

Fonte: Elaborado com base em Brasil, 2024a; IBGE, 2010b.

No Mapa 2.3, temos algumas indicações da força eleitoral de Arthur Lira em diversos municípios alagoanos. Em uma eleição na qual ele concorreu contra dezenas de candidatos, o então presidente da Câmara dos Deputados conquistou pelo menos 50% dos votos válidos em três municípios (preenchidos com as cores mais fortes). Além desses, notamos diversos municípios nos quais ele alcançou ao menos 40% dos votos. Ou seja, esse mapa nos dá evidências de regiões em que Lira tem grande capacidade de mobilizar eleitores, o que pode se dever a alianças com políticos locais, destinação de emendas parlamentares, atividades localizadas junto à população, presença da equipe do deputado, entre outros fatores.

Mas qual é o papel desses municípios no desempenho eleitoral de Arthur Lira? Sabemos que, para se eleger, um candidato precisa ganhar muitos votos e não necessariamente ser majoritário em diversos municípios (ainda que esses aspectos possam apresentar alguma correlação positiva). No Mapa 2.4, apresentamos o percentual de votos que cada município alagoano representou da votação de Arthur Lira.

```
# Produz a visualização com o ggplot2
ggplot() +
    geom_sf(
    data = arthur_lira_2022_espacial,
    # Altera a variável de preenchimento
    aes(fill = PERC_CAND_C),
    linewidth = 0.1) +
    labs(
    fill = "Votos do candidato\n(em %)") +
    annotation_north_arrow(
    location = "br",
    pad_y = unit(0.5, "in"),
    style = north_arrow_nautical) +
    scale_fill_brewer(palette = "BuPu") +
    theme_minimal() +
    theme(
    legend.position = "right",
    legend.direction = "vertical")
```

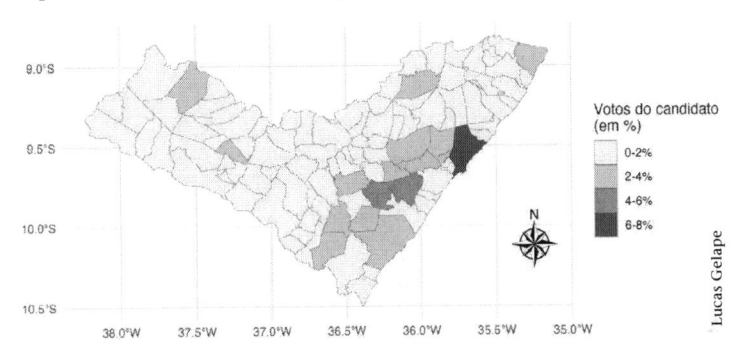

Mapa 2.4 – Votação de Arthur Lira (percentual do total de votos do candidato)

Fonte: Elaborado com base em Brasil, 2024a; IBGE, 2024b.

Ao contrário do Mapa 2.3, notamos no Mapa 2.4 que a votação é proporcionalmente baixa na maior parte dos municípios desse estado. Isso se deve ao pequeno número de eleitores em uma porção substantiva deles. As três cidades preenchidas de cores mais fortes são:

- Maceió, capital do estado, que tem o maior eleitorado do estado, é onde Arthur Lira obteve 7,1% de seus votos, mas 3,5% dos votos válidos do município;
- Campo Alegre, 17° maior eleitorado do estado, em que houve 4,7% dos votos do candidato e 59,5% dos votos válidos no município;
- São Miguel dos Campos, 7° maior eleitorado, em que se registraram 4,1% dos votos do candidato e 29,4% dos votos válidos no município.

Assim, vemos que a concentração de votos na capital do estado[18] afeta a importância relativa de cada município para a eleição de Lira.

---

18 *Maceió foi responsável por 27,2% do total de votos válidos para deputado federal em Alagoas no ano de 2022.*

No Capítulo 3, veremos que a literatura propõe alguns indicadores destinados a ponderar a importância do eleitorado de algumas regiões para descrever o resultado dos candidatos.

Por fim, discutiremos uma questão relevante: Como definir os intervalos nos quais categorizamos uma variável contínua a ser usada no preenchimento de um mapa? Nas duas visualizações produzidas anteriormente, essa categorização foi feita por um critério chamado *intervalos iguais*, em que cada categoria é definida por intervalos que têm a mesma amplitude.

Cabe ressaltar que existem outros critérios e que a alteração no critério adotado pode gerar consequências na visualização gerada a partir dos mesmos dados. Cairo (2016) recomenda experimentarmos diversas categorizações até encontrarmos aquela mais adequada ao nosso argumento. No caso dos mapas anteriores, optamos pelos intervalos iguais, tendo em vista que sua interpretação é mais intuitiva para qualquer leitor. Outros intervalos que buscam otimizar a quebra em diversas classes podem criar categorias pouco intuitivas e que demandam cuidado na leitura e interpretação dos resultados.

Um dos métodos de otimização mais utilizados é o das quebras naturais de Jenks, que minimiza os desvios em relação à média de cada grupo, sendo que o número de grupos é definido pelo usuário. No código a seguir, utilizamos as quebras de Jenks para dividir o percentual de votos a que cada município corresponde na votação de Arthur Lira em quatro categorias (mesmo número de classes utilizado no critério de intervalos iguais).

```r
# Cria os cortes e os guardamos em um objeto
cortes_jenks <- classIntervals(
    arthur_lira_2022_espacial$PERCENTUAL_CAND, 4, "jenks")

# Cria uma variável com os cortes
arthur_lira_2022_espacial$PERC_CAND_CORTES <- cut(
    arthur_lira_2022_espacial$PERCENTUAL_CAND,
    cortes_jenks$brks,
    include.lowest = T)

# Produz a visualização com o ggplot2
ggplot() +
    geom_sf(
    data = arthur_lira_2022_espacial,
    # Altera a variável de preenchimento
    aes(fill = PERC_CAND_CORTES),
    linewidth = 0.1) +
    labs(
    fill = "Votos do candidato\n(em %)") +
    annotation_north_arrow(
    location = "br",
    pad_y = unit(0.5, "in"),
    style = north_arrow_nautical) +
    scale_fill_brewer(palette = "BuPu") +
    theme_minimal() +
    theme(
    legend.position = "right",
    legend.direction = "vertical")
```

Mapa 2.5 – Votação de Arthur Lira (percentual do total de votos do candidato)

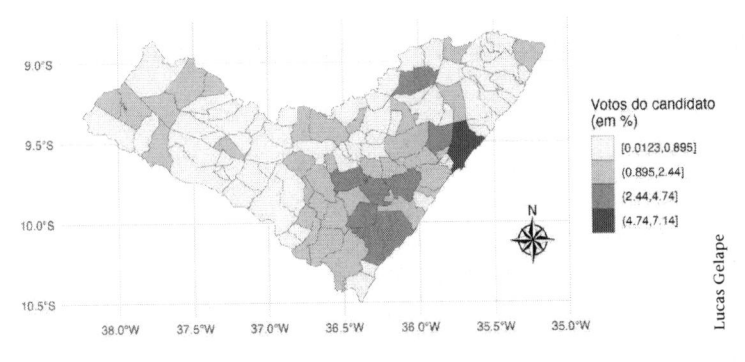

Fonte: Elaborado com base em Brasil, 2024a; IBGE, 2024b.

Assim como no mapa de intervalos iguais, temos o município de Maceió como um destaque. Ao descermos para as categorias com menor percentual de votos, porém, o Mapa 2.5 apresenta maior diferenciação entre elas. Enquanto no Mapa 2.4 a imensa maioria dos municípios se encontrava na faixa com as cores mais claras, no Mapa 2.5 percebemos que há alguma variação entre esses municípios, com os novos cortes.

Qual desses métodos é o mais adequado? Depende do objetivo do analista de dados. Como mencionado, o Mapa 2.4 é de leitura mais intuitiva e se adéqua a um argumento sobre a concentração de votos em poucos municípios, enquanto a votação na maior parte do estado seria baixa em termos proporcionais, considerando-se o total do candidato. Já o Mapa 2.5 seria mais indicado para ilustrar o argumento de uma variação entre as regiões de baixa votação em relação ao total do candidato, porém a escala é mais desafiadora para uma leitura rápida dos dados. Perceba que tais figuras não são contraditórias – ou seja, não estamos "mentindo" com mapas (Monmonier, 2018) –, e sim utilizadas para reforçar características distintas dessa votação.

2.4.3 Eleições em escala intramunicipal: visualizando os votos de Nikolas Ferreira em 2020 no município de Belo Horizonte

Encerramos este capítulo com um exemplo de votação numa escala intramunicipal. Como discutimos na Seção 2.3, as agregações de votos intramunicipais da Justiça Eleitoral não correspondem necessariamente a divisões político-administrativas das cidades. Podemos utilizar a flexibilidade proporcionada pela agregação de votos por local de votação para associar esses pontos a diferentes áreas. No entanto, uma grande dúvida se impõe: Qual é a melhor divisão intramunicipal a ser utilizada para os nossos fins?

Mais uma vez, a resposta correta é que isso depende dos objetivos de análise do pesquisador. O nível mais utilizado na literatura tem sido a agregação dos votos por bairro (Nicolau; Terron, 2012; Terron, Ribeiro; Lucas, 2012; Rodrigues-Silveira, 2013a, 2015; Gelape, 2017; Silva; Silotto, 2018), o que seria justificado por razões histórico-culturais; de delimitação político-administrativa; pela possibilidade de compatibilização com outras fontes de dados; e pelo intuito de aumentar o número de unidades espaciais das análises (Nicolau; Terron, 2012; Rodrigues-Silveira, 2013b; Gelape, 2017). Contudo, ele não é o único nível adotado – alguns municípios não têm essa divisão oficialmente, como a cidade de São Paulo –, e a mudança no nível de agregação utilizado pode afetar as inferências produzidas, como discutiremos no Capítulo 3 e foi trabalhado de forma bastante interessante por Gonçalves (2016).

Em nosso exemplo, utilizaremos o objeto com os bairros de Belo Horizonte, já explorado neste capítulo. O uso do bairro desse nível de agregação não está imune a imprecisões, como aquelas derivadas de eleitores que não moram nos bairros onde votam, ainda que consideremos que esse seja um problema menos relevante do que o esperado, diante das semelhanças sociodemográficas de bairros adjacentes e da informação de que a maioria dos eleitores vota perto de sua residência (Ibope, 2014). De toda forma, devemos sempre lembrar que "o processo de vinculação entre espaço estatístico e político-administrativo e espaço eleitoral não se dá de modo perfeito ou sem arestas e exigem [sic] muita cautela na hora de realizar inferências" (Rodrigues-Silveira, 2013b, p. 179).

Os bancos de dados do TSE (Brasil, 2024c) apresentam uma coluna com a informação do bairro do local de votação. Esse bairro, porém, não corresponde necessariamente àquele onde o ponto se encontra. Portanto, a melhor prática é realizar uma união espacial dos pontos de locais de votação com os polígonos dos bairros. Realizamos esse procedimento com base nas coordenadas geográficas fornecidas por

Hidalgo (2022), que foram associadas ao objeto com os resultados por local de votação, produzido neste capítulo.

```r
# Importa os resultados de Nikolas Ferreira por
local de votação nikolas_2020_bh <- readRDS("dados/
nikolas_2020_bh_lv.rds")

# Baixa arquivo de D. Hidalgo com os LV entre 2006-2020
download.file("https://github.com/fdhidalgo/geocode_br_
polling_stations/releases/download/v0.13-beta/geocoded_
polling_stations.csv.gz",
"dados/geocoded_polling_stations.csv.gz")

# Importa os dados e filtra para o
# ano de 2020 e município de Belo Horizonte
lvbh2020 <- read_csv("dados/geocoded_polling_stations.csv.
gz") |>
    filter(ano == 2020,
    cd_localidade_tse == 41238) |>
    select(nr_zona, nr_locvot, long, lat)

# Faz união não espacial dos dados de
# votação com as coordenadas dos LVs
nikolas_2020_bh_coord <- left_join(
    nikolas_2020_bh, lvbh2020,
    by = c("NR_ZONA" = "nr_zona", "NR_LOCAL_VOTACAO" =
"nr_locvot"))

# Transforma o objeto acima em espacial
nikolas_2020_bh_espacial <- st_as_sf(
    nikolas_2020_bh_coord,
    # Especifica as variáveis de longitude-latitude
    # e especifica o crs (que aqui assumimos ser WGS-84)
    coords = c("long", "lat"), crs = 4326)

# Importamos o shapefile de bairros de BH
bh_bairros <- read_sf("dados/BAIRRO_OFICIAL/BAIRRO_
OFICIAL.shp",
    options = "ENCODING=WINDOWS-1252") |>
    # Transformamos o crs para a união espacial
    st_transform(4326)

# Passa a info. dos bairros aos LVs por união espacial
nikolas_2020_bairro <- st_join(nikolas_2020_bh_espacial,
bh_bairros)
```

Depois de acrescentarmos a identificação dos bairros aos locais de votação, podemos calcular o número de votos que Nikolas Ferreira obteve em cada um deles. Entretanto, como desejamos fazer um mapa coroplético, essas informações devem estar no objeto com polígonos, e não num objeto espacial de pontos. Desse modo, essa informação é unida de forma não espacial ao objeto dos bairros de Belo Horizonte, por meio das variáveis identidades dos bairros, incluídas há pouco.

```
# Calcula a votação por bairro
nikolas_2020_bairro <- nikolas_2020_bairro |>
    group_by(CODIGO, NOME) |>
    summarise(VOTOS_BAIRRO = sum(VOTOS)) |>
    ungroup() |>
    # Remove atributos espaciais, pois o objeto com os
    # votos não possui uma linha por bairro. Assim,
    # precisaremos "devolver" essas informações ao objeto
    # espacial dos bairros de BH
    st_drop_geometry()

# Passa a informação da votação por bairro ao
# objeto que tem todos os bairros
nikolas_2020_final <- left_join(bh_bairros,
nikolas_2020_bairro)
```

Por fim, produzimos o mapa. Para conhecermos mais sobre outros cortes de classificação dos dados, utilizaremos os cortes por quartis da distribuição de nossa variável de interesse (o número absoluto de votos por bairro). Além disso, não existem locais de votação em alguns dos bairros de Belo Horizonte, uma cidade composta por um grande número de bairros de pequenas áreas. Assim, prevemos em nossa classificação uma categoria para os dados faltantes nessa variável, preenchendo-a com a informação "Sem LV", que significa "Sem Local de Votação".

```r
# Cria os cortes por quartis e os guardamos em um objeto
cortes <- classIntervals(nikolas_2020_final$VOTOS_BAIRRO,
4, "quantile")

# Insere os cortes na base de dados usando a função cut
nikolas_2020_final$quartis <- cut(nikolas_2020_
final$VOTOS_BAIRRO, cortes$brks, include.lowest = T)

# Criamos uma categoria para bairros sem local de votação
nikolas_2020_final$quartis <- factor(
    ifelse(
    is.na(nikolas_2020_final$quartis),
    "Sem LV", nikolas_2020_final$quartis),
    labels = c("Sem LV", "[7,56]", "(56,104]", "(104,175]",
"(175,610]"))

# Produz a visualização com ggplot2
# Podemos atribuir o objeto com o pipe
# em lugar de usar o argumento data)
    ggplot() +
    geom_sf(
    aes(fill = quartis),
    linewidth = 0.1) +
    labs(
    fill = "Votos\n") +
    annotation_scale(
    location = "br",
    width_hint = 0.3) +
    scale_fill_brewer(palette = "Greens") +
    theme_void() +
    theme(
    # Preenche o fundo com branco
    panel.background = element_rect(fill = "white"),
    # Remove os textos que indicam as coordenadas
    axis.text = element_blank(),
    # Remove os "riscos" que mostravam as coordenadas
    axis.ticks = element_blank(),
    legend.position = "bottom",
    legend.direction = "horizontal")
```

Mapa 2.6 – Votação de Nikolas Ferreira

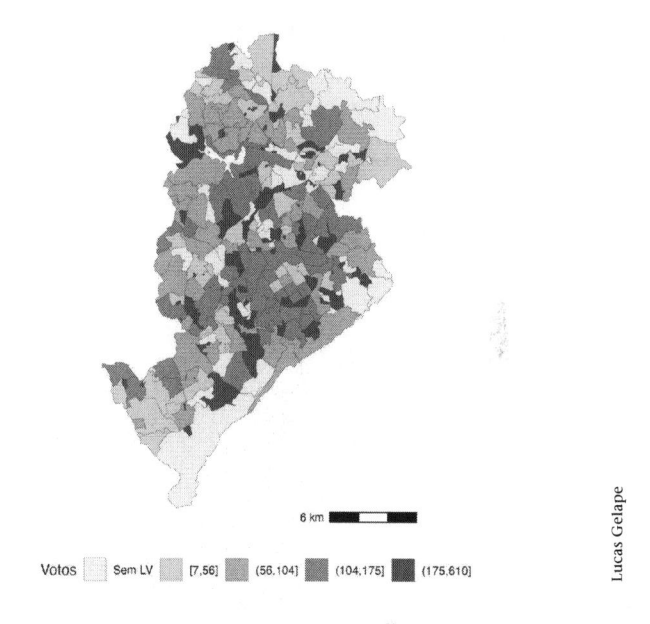

Votos Sem LV [7,56] (56,104] (104,175] (175,610]

Fonte: Elaborado com base em Brasil, 2024a; Belo Horizonte, 2024.

O resultado, visto no Mapa 2.6, mostra que a expressiva votação de Nikolas Ferreira para vereador em 2020 esteve razoavelmente bem distribuída pela cidade. Por exemplo, os bairros nos quartis mais altos da distribuição de votos não estão fortemente "clusterizados", isto é, agrupados. Porém, vale lembrar que essas informações não estão ponderadas pelo total de votos válidos em cada bairro, o que pode afetar as análises.

Síntese

Neste capítulo, descrevemos a maneira como o TSE organiza territorialmente as eleições no Brasil, enfatizando como essa organização se relaciona com outras divisões territoriais do país. Em seguida, mostramos como pontos são georreferenciados e quais são as fontes de dados georreferenciados de locais de votação. Com isso, foi possível, ao final do capítulo, apresentar a visualização de dados eleitorais em mapas.

Para saber mais

MENEGAT, R.; LAGO, C. do. Como votou sua vizinhança? Explore o mapa mais detalhado das eleições. **Estadão**, 27 out. 2018. Disponível em: <https://www.estadao.com.br/infograficos/politica,como-votou-sua-vizinhanca-explore-o-mapa-mais-detalhado-das-eleicoes,935858>. Acesso em: 24 abr. 2024.

Esse infográfico desenvolvido pela equipe de dados do jornal *O Estado de S. Paulo* utiliza dados no nível do local de votação combinado a outras técnicas e a dados do Censo de 2010 para mostrar como votaram diversas pequenas regiões do país. Os códigos (em Python) produzidos para a preparação dos dados também estão disponíveis no GitHub do jornal: <https://github.com/estadao/como-votou-sua-vizinhanca>. É um recurso interessante para você explorar e ter ideias de possíveis análises e possibilidades de visualização de dados.

APURAÇÃO por zona eleitoral: Veja os resultados da eleição em cada zona eleitoral para presidente. **G1**, 2 out. 2022. Disponível em: <https://especiaisg1.globo/politica/eleicoes/2022/mapas/apuracao-zona-eleitoral-presidente>. Acesso em: 19 ago. 2024.

Há algumas eleições, o G1 disponibiliza uma interface para visualização dos resultados eleitorais na escala da zona eleitoral desde o início da apuração. Em 2022, essas informações foram divulgadas para mais de 100 cidades, nos dois turnos das eleições para presidente e governador (quando fosse o caso). É uma ferramenta útil para visualizar os resultados eleitorais nesse nível de agregação, especialmente no dia da eleição, além de entender os limites de zonas eleitorais nos maiores municípios do país.

RODRIGUES-SILVEIRA, R. Território, escala e voto nas eleições municipais no Brasil. **Cadernos Adenauer,** v. XIV, n. 2, p. 167-192, 2013. Disponível em: <https://www.kas.de/documents/252038/253252/7_file_storage_file_10392_5.pdf/4517e77f-547e-dc56-7ea8-0f5d108b4990>. Acesso em: 23 set. 2024.

Nesse artigo, um dos principais especialistas brasileiros em geografia eleitoral discute com mais detalhes a compatibilização de dados em nível do local de votação e outras fontes de dados, em especial de informações socioeconômicas. As análises realizadas pelo autor se baseiam em diversas teorias e métodos que são abordados ao longo deste livro.

BARROZO, L. V. **Cartografia temática em R para estudantes de Geografia**: do zero aos principais tipos de representações cartográficas em R. 2023. Disponível em: <https://ligiaviz.github.io/RCartoTematica>. Acesso em: 19 ago. 2024.

Ligia Vizeu Barrozo, professora titular da Universidade de São Paulo (USP), desenvolve essa obra (ainda em andamento, no momento da elaboração deste livro) com a intenção de introduzir os principais tipos de mapas, por meio da linguagem *R*, para estudantes de Geografia. Porém, ela faz mais, dado que esse é provavelmente o conteúdo mais compreensivo sobre visualização de dados espaciais em linguagem R, de acesso livre e em língua portuguesa. É uma referência muito interessante para quaisquer usuários de R interessados na produção de mapas.

Questões para revisão

1. Aponte qual é o banco de dados do Tribunal Superior Eleitoral (TSE) mais adequado para responder a cada um dos objetos de análise a seguir:
    a) Votos válidos para prefeito em todos os municípios do Estado do Tocantins.
    b) Percentual de votos válidos de candidatos a vereador por bairro da cidade de Curitiba.
    c) Percentual de votos válidos de candidatos a deputado federal no Estado do Rio Grande do Norte.
    d) Votos válidos para deputado estadual por bairro na cidade de Belo Horizonte.
    e) Votos válidos para governador do Maranhão.

2. As afirmativas a seguir tratam de dados em nível dos locais de votação. Assinale a(s) alternativa(s) **incorreta(s)**:
    a) A agregação de resultados eleitorais em locais de votação permite a compatibilização de dados eleitorais com outras divisões territoriais, por meio da união espacial dos locais de votação com outro objeto espacial.
    b) Diante da inexistência de registro de coordenadas geográficas pelo Tribunal Superior Eleitoral (TSE), podemos

buscar tais coordenadas por meio da geocodificação dos endereços listados nos bancos de dados disponibilizados por esse órgão. Ao realizarmos a geocodificação de forma automatizada, devemos estar atentos a possíveis erros decorrentes desse processo.

c) Cada zona eleitoral tem somente um local de votação, que é um equipamento (em geral, público, como uma escola) que agrega todas as seções eleitorais daquela zona.

d) A não disponibilização das coordenadas geográficas dos locais de votação impediu o desenvolvimento desse campo de pesquisa no Brasil, uma vez que não era possível analisar os dados nessa agregação.

e) Apesar de os locais de votação serem geograficamente estabelecidos, encontrar qualquer tipo de padrão espacial nos votos de políticos não significa que haja um fenômeno com uma explicação teórica que envolva a dimensão espacial.

3. As afirmativas a seguir dizem respeito à visualização de dados espaciais. Marque V para as verdadeiras e F para as falsas:

( ) Para facilitar a identificação de cor e valores de determinada área em um mapa coroplético criado com o *ggplot2*, devemos categorizar a variável contínua. Com isso, a escala da legenda é convertida de contínua para categórica, o que contribui para o entendimento do leitor.

( ) A definição dos intervalos para a categorização de uma variável contínua tem papel direto na visualização produzida em um mapa, podendo afetar as inferências que os leitores produzirão com base nele. Existem métodos para essa categorização, como o de quebras naturais de Jenks, mas o analista pode realizar tal procedimento de forma manual, baseado em critérios próprios.

( ) Ao elaborar um mapa, o analista deve inserir o máximo de informações possíveis, para permitir que o leitor faça inferências a respeito do conteúdo exibido.

( ) A configuração padrão dos *softwares* permite produzir visualizações de forma rápida, adequadas ao público final, sem que o analista se preocupe com questões como a escala de variáveis ou a paleta de cores utilizada.

Agora, assinale a alternativa que apresenta a sequência correta obtida:

a) V, F, F, V.
b) V, V, F, F.
c) F, V, F, V.
d) V, V, F, V.
e) F, F, V, F.

4. Avalie os seguintes aspectos de elaboração dos três mapas eleitorais reproduzidos a seguir, destacando especialmente os problemas que você tenha encontrado:
- paleta de cores utilizada;
- posicionamento dos elementos no mapa;
- uso de variáveis contínuas ou categóricas (e os respectivos pontos de corte).

   a) Tarcísio de Freitas, candidato a governador do Estado de São Paulo em 2022 pelo Republicanos.

Mapa 2.7 – Votação percentual de Tarcísio de Freitas (2º turno, Governador – SP, 2022)

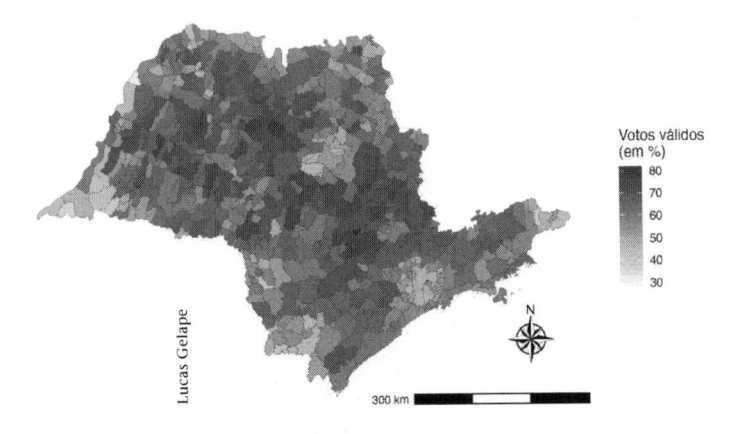

Fonte: Elaborado com base em Brasil, 2024a; IBGE, 2010b.

b) Eduardo Leite, candidato a governador do Estado do Rio Grande do Sul em 2022 pelo PSDB.

Mapa 2.8 – Votação percentual de Eduardo Leite (2º turno, Governador – RS, 2022)

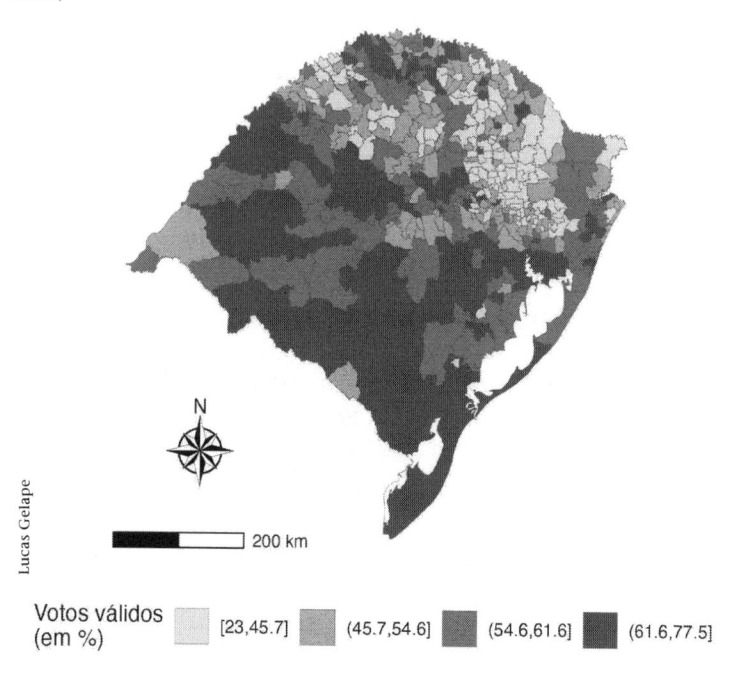

Votos válidos (em %): [23,45.7] (45.7,54.6] (54.6,61.6] (61.6,77.5]

Fonte: Elaborado com base em Brasil, 2024a; IBGE, 2010b.

c) Jerônimo Rodrigues, candidato a governador do Estado da Bahia em 2022 pelo PT.

Mapa 2.9 – Votação percentual de Jerônimo Rodrigues (2º turno, Governador – BA, 2022)

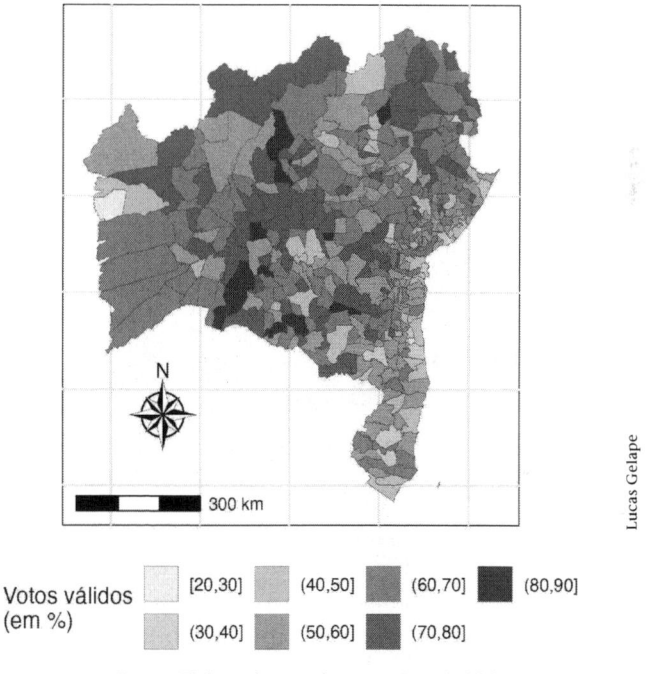

Fonte: Elaborado com base em Brasil, 2024a; IBGE, 2010b.

5. Com relação à organização dos dados eleitorais pela Justiça Eleitoral brasileira e sua utilização em análises espaciais, assinale a alternativa **falsa**:
   a) Os dados de votação por seção eleitoral podem ser utilizados para análises mais detalhadas do que as propiciadas pelos dados agregados por município ou

zona eleitoral, permitindo maior precisão espacial nas inferências sobre o comportamento eleitoral.

b) A associação de dados eleitorais com outras divisões territoriais, como as oferecidas pelo Instituto Brasileiro de Geografia e Estatística (IBGE), pode ser feita de maneira direta, uma vez que o Tribunal Superior Eleitoral (TSE) utiliza o mesmo código de identificação municipal adotado pelo IBGE.

c) A votação nominal por município e zona eleitoral é adequada para eleições majoritárias, porém, para eleições proporcionais, é necessário incluir os votos de legenda para uma análise completa.

d) O TSE disponibiliza dados eleitorais por seção eleitoral, mas a análise intramunicipal requer agregação de dados em níveis menores, como locais de votação, a fim de compatibilizá-los com dados espaciais de outras fontes.

e) A Justiça Eleitoral brasileira organiza as eleições com base em zonas eleitorais, que podem abranger mais de um município ou parte dele, sendo essa divisão administrativa fundamental para o gerenciamento do processo eleitoral.

Questão para reflexão

1. Para uma pesquisa sobre as eleições locais, você precisará unir espacialmente os dados geocodificados de locais de votação com alguma outra divisão administrativa de seu interesse. Quais critérios você levaria em conta para escolher essa divisão administrativa? Como eles se comparam aos bairros (nível de análise tradicionalmente mais adotado em pesquisas em nível inframunicipal)?

Capítulo 3
Identificação de regiões de votação

Conteúdos do capítulo:

- Como identificar as regiões de votação.
- Referências teóricas das pesquisas sobre identificação de bases eleitorais.
- Como as teorias foram aplicadas no caso do Brasil.
- As principais questões empíricas enfrentadas e os indicadores mais utilizados.
- Os desafios encontrados ao se fazer uma inferência espacial.

Após o estudo deste capítulo, você será capaz de:

1. reconhecer como as áreas de votação são identificadas;
2. entender quais são as principais teorias utilizadas para explicar padrões de votação;
3. explicar como essas teorias foram aplicadas ao caso brasileiro;
4. replicar os mesmos indicadores utilizados para o caso brasileiro em uma análise própria;
5. fazer inferências espaciais corretas, evitando os principais equívocos nesse processo.

Os votos de qualquer político em uma eleição podem ser associados espacialmente, já que sabemos as localizações de todas as urnas. Mas como obter informações sobre as escolhas dos eleitores com base nas observações da espacialização dos votos? Quais são as dificuldades para realizar análises desse tipo? É esse o desafio que será enfrentado neste capítulo.

(3.1)
Introdução

Uma eleição ocorre em um espaço determinado para eleger representantes dos cidadãos residentes naquela área (Urbinati; Warren, 2008). Como mencionado no Capítulo 1, a dimensão regional é intrínseca a uma eleição porque há sempre um território definido no qual os eleitores associados a ele deverão escolher seus representantes.

Por exemplo, os cidadãos de uma cidade escolhem seus vereadores, e os de um país, seu presidente. Porém, como cada um desses cargos é disputado com base em uma regra eleitoral diferente, há maior clareza sobre as responsabilidades das eleitas e dos interesses que devem ser atendidos a depender do regramento em que a eleição ocorre. O presidente atua como representante político do país inteiro e é o maior responsável pelas decisões do Executivo nacional, sem sombra de dúvidas.

Já os membros do Legislativo no Brasil, como os vereadores e os deputados, dividem a responsabilidade pelas decisões desse poder entre si. Seus interesses podem ser distintos e voltados a partes específicas do território, caso seu eleitorado esteja claramente indicado numa parte do distrito. Por exemplo, na eleição de vereadores, os votos de um deles podem vir da zona leste da cidade, enquanto os de um outro podem vir das zonas central e oeste, e ainda os de um terceiro podem se dispersar por toda a cidade. Entende-se que essa situação influencia as preocupações de cada um desses políticos e, assim, interfere em seus mandatos. A consequência dessa observação é que a atuação como representante pode variar em cada caso – se preocupado com a parte da cidade em que se encontra seu eleitorado ou se preocupado com o todo da cidade. Assim, considerar a forma como essa divisão regional de votos se deu na eleição é importante em seu efeito sobre a representação política.

Formalmente, o problema pode ser colocado da seguinte maneira: a imprecisão na relação eleitor-representante gerada em eleições multinominais[1] lida com a incerteza a respeito de qual é a base eleitoral de um político qualquer. Isso acontece porque o distrito eleitoral se fragmenta a partir dos votos que são atribuídos a cada candidato, como nos exemplos discutidos anteriormente, e essa base eleitoral não é explicitada pelas regras eleitorais.

Isto é, uma região qualquer vota em uma candidata específica. Inicialmente, não se sabe de onde virão os votos para cada candidatura porque eles são disputados em todo o distrito. Nada impede que um candidato faça campanha em determinada área nem que eleitores de cada uma das partes do distrito obtenham informação e, com isso, decidam votar em qualquer uma das candidatas. Dá-se o nome de **constituency eleitoral** ou **base eleitoral** ao conjunto de indivíduos que compõem o apoio de determinado político. São as pessoas que deram seus votos para alguém e a quem a pessoa eleita deve prestar contas por suas ações como representante eleito.

---

1 *São aquelas em que mais de uma pessoa é eleita, como as eleições para deputado federal, estadual, distrital e vereadores no Brasil.*

As considerações a respeito da *constituency* eleitoral de uma representante específica são importantes para entendermos a maneira como a política eleita atuará ao longo de seu mandato (Mayhew, 2004). Por exemplo, se determinado candidato é eleito com votos de pessoas ligadas a um sindicato, faz sentido que sua atuação como parlamentar esteja voltada para as preocupações desse mesmo sindicato, embora também nada impeça que ele tome medidas que sejam de interesse mais geral. Já se os votos de uma candidata são provenientes de certa região do distrito eleitoral, novamente podemos esperar que a atuação dessa candidata, se eleita, esteja direcionada primordialmente aos problemas enfrentados pela população daquela área. Identificar espacialmente a base eleitoral de um político demanda diversas considerações, ainda que, à primeira vista, esse possa parecer um exercício trivial.

Em primeiro lugar, para entender essas dificuldades, é preciso levar em conta algumas características das disputas eleitorais. Via de regra, em cada eleição são escolhidos tantos políticos quanto o número de cadeiras em disputa. No caso brasileiro, as eleições para os cargos do Executivo – prefeitos, governadores e presidente – elegem apenas uma pessoa. Dizemos, então, que havia apenas uma cadeira em disputa ou, de maneira mais formal, que a **magnitude do distrito eleitoral é igual a um**. São **eleições majoritárias**, em que o candidato com maior número de votos, seja no primeiro, seja no segundo turno, é eleito.

Nas eleições para o Legislativo – vereadores, deputados estaduais e federais – há muitas cadeiras em disputa[2]. No país, elas são **eleições**

---

[2] A exceção é a disputa para o Senado. Embora também seja parte do Legislativo, as disputas são alternadas: em uma eleição, há apenas uma cadeira em disputa; na seguinte, há duas, e assim sucessivamente.

proporcionais, em que as candidatas são eleitas com base na proporção dos votos obtidos por seus partidos, federações ou coligações. Por exemplo, constitucionalmente, existe um limite máximo, igual a 9, de vereadores em municípios de 15 mil habitantes. Então, para que alguém se eleja em um distrito de magnitude 9, muitas vezes é necessário receber apenas algo como 8% dos votos em disputa.

Quando a disputa se dá em uma eleição majoritária, a preocupação acerca da base eleitoral do político é menor. Afinal, a eleita será responsável por atender a demandas de todo o distrito eleitoral: um prefeito governa para toda a cidade, ainda que não tenha obtido votos de todos os eleitores dela. Porém, quando um político se elege com parcelas relativamente restritas de votos, sua atuação pode se voltar apenas para aqueles que o elegeram. Normalmente, as candidatas a deputada federal recebem votos de parcelas relativamente pequenas do eleitorado e que, por vezes, são identificáveis regionalmente. A definição da base eleitoral passa a nos servir de elemento para entender a atuação dessas representantes.

Intuitivamente, esse problema se resolveria apenas com a observação da distribuição espacial do voto pelo distrito. Bastaria dizer de onde os votos vieram para cada uma das candidatas, como no exemplo mencionado: os votos de uma candidata a vereadora vieram, por exemplo, da zona sul da cidade. De certa forma, uma parcela da pesquisa em ciência política lidou com os dados dessa maneira, apesar de isso ser passível de críticas. Afinal, esse tipo de padrão é influenciado diretamente pela densidade demográfica do próprio distrito: é esperado haver mais votos para cada candidata nas regiões em que reside ou vota um número maior de eleitores, o que vale para todas as candidatas (Avelino; Biderman; Silva, 2011). Por outro lado, nas regiões de menor população, os votos possivelmente serão pouco decisivos para a eleição, ainda que aquela região possa votar massivamente em uma única candidata. Isso significa dizer que é comum ver votos para muitos candidatos, senão para todos, nas áreas mais adensadas populacionalmente, sem que tenhamos condição de afirmar que essa região forma toda a base eleitoral de algum dos candidatos ou, ainda, de concluir que a região mais adensada é a base eleitoral de todos os candidatos.

Desse modo, há um desafio empírico relacionado a uma importante discussão teórica que visou apontar as regiões para cada candidato e suas consequências para a representação e que avançou bastante com a disponibilidade de dados e com o processamento de dados espaciais. Esse debate será apresentado na próxima seção. Na terceira seção, exploraremos o problema da identificação das bases eleitorais, tanto resgatando a maneira como a literatura acadêmica trata o tema como apresentando os principais indicadores utilizados. Por meio desses indicadores, é possível criar mapas de apresentação das concentrações de voto, tema explorado na quarta seção do capítulo. Na seção final, trataremos dos problemas analíticos comuns a serem enfrentados em análises desse tipo, em especial a falácia ecológica e o problema da unidade de área modificável. Com isso, a leitora será capaz de encarar o desafio de criar seus próprios mapas e elaborar análises corretas de concentração regional de voto nas eleições brasileiras.

(3.2)
Pesquisas sobre identificação de bases eleitorais

Como mencionado, a tarefa de identificar as bases eleitorais dos candidatos mostrou-se desafiadora para os estudiosos sobre o tema. A abordagem variou ao longo do tempo em razão de diferentes paradigmas adotados pela academia. É possível, então, resgatar as diferentes explicações que justificaram as áreas de votos de candidatos diferentes.

Originalmente, os estudos sobre as eleições brasileiras vinculavam padrões sociais ao aspecto regional dos pleitos. As explicações quanto à regionalização das votações eram de cunho eminentemente sociológico. As divisões entre moderno e tradicional, urbano e rural, por exemplo, eram centrais para a explicação do resultado da competição política. Nessa perspectiva, havia o entendimento de que a interação social e econômica que se refletia na ocupação do território apresentava consequências eleitorais. Os padrões de votação destacados eram analiticamente vinculados às características econômicas e sociais dos eleitores em cada região do país.

Mesmo a análise sobre a votação no âmbito partidário se dava sob essa lógica. A avaliação sobre a institucionalização do sistema partidário dependia de vínculos estabelecidos entre as agremiações e os segmentos populacionais específicos, que, por sua vez, ocupavam regiões claras do território. Nesse sentido, as siglas também estavam associadas ao espaço geográfico, com partidos sendo vinculados a um eleitor urbano ou rural. O comportamento eleitoral se associaria às diferentes características socioeconômicas dos eleitores e que estão moldadas pela ocupação distinta do território.

No entanto, ao longo do desenvolvimento da ciência política como disciplina, o crescente distanciamento das explicações sociológicas em relação aos fenômenos políticos se refletiu também na produção a respeito dos estudos eleitorais. Com o avanço das teorias baseadas em características idiossincráticas dos indivíduos e seus comportamentos atomizados – representadas pela obra paradigmática *The American Voter*, de Campbell et al. (1980) –, aquela interpretação sociológica vai sendo substituída, após um longo processo com bastantes variações[3], por uma abordagem que considera o papel das instituições nas decisões dos atores.

Eleitas e eleitores passam a ser entendidas como agentes dotadas de racionalidade na busca por seus objetivos, e suas decisões podem ser analisadas com base nas instituições vigentes. Entre estas, as instituições eleitorais seriam fundamentais. As regras de uma eleição afetam a tomada de decisão de todos os envolvidos, sejam partidos, sejam candidatas, sejam eleitoras. Assim, o aspecto espacial de uma eleição também é considerado como uma decorrência dessas regras.

Essa elaboração não ocorreu sem críticas importantes com repercussões nos dias de hoje. Se, por um lado, a dimensão institucional apontava para a relevância das localidades, por outro, a geografia produziu apontamentos significativos a respeito da influência das questões espaciais sobre o comportamento do eleitor. Nesse sentido, ambas, dimensão institucional e geografia, são mediadoras da decisão do eleitorado. Contudo, diante daquele momento da produção da disciplina, a ciência política enfatizava a centralidade das variáveis políticas (no caso, as instituições), e a dimensão geográfica em si não seria de interesse e deveria ser tratada como variáveis de controle diante do fenômeno estritamente político (King, 1996). O tema espacial só ocupa um espaço maior em tempos mais recentes.

Sob a ótica institucional, se as eleições apresentam regramentos diferentes para cargos distintos, o resultado eleitoral será também diferente para cada uma delas. Com relação ao espaço, a importância das regras eleitorais é múltipla, pois elas afetam uma série de dimensões, tais como: o comportamento dos políticos ao longo da campanha, já que pode haver competição por voto mesmo dentro de uma mesma legenda – a chamada *disputa intrapartidária*; a forma como

---

3 Como a interpretação behaviorista, que será brevemente tratada no próximo capítulo.

o representante toma decisões ao longo do mandato, pela conexão eleitoral existente entre suas escolhas e os interesses particulares de sua *constituency* eleitoral; as decisões de campanha quanto ao interesse em expandir a busca pelo voto ou concentrar os esforços em parcelas menores do distrito eleitoral, entre outras.

Esse enfoque na relevância das instituições eleitorais reduziu a centralidade da participação do eleitor no processo. Na explicação apresentada até aqui, cabia ao eleitor apenas referendar o comportamento dos políticos. O foco central da explicação institucional estava em seus efeitos sobre os políticos e suas ações para buscar votos.

Entretanto, a atuação do eleitorado pode ser expandida para incorporar como uma cidadã toma sua decisão de votar em alguém, resgatando conceitos tratados pela geografia. Há ao menos duas direções a serem seguidas aqui. A primeira incorpora o chamado **efeito vizinhança**. Essa linha de pesquisa considera que os eleitores tendem a privilegiar um candidato de sua própria localidade sempre que possível (conceito conhecido como *localness*). Se a regra eleitoral favorecer que o eleitor escolha atributos pessoais de um candidato, a localidade de origem desse eleitor pode ser entendida nessa chave (Shugart; Valdini; Suominen, 2005). Alguns trabalhos se referem a esse processo de considerar a vizinhança no momento da eleição como *efeito amigos e vizinhos*, ou, no original, *friends and neighbors effect* (Evans et al., 2017). O efeito *localness* diz respeito à dimensão dos amigos; já a rede de atuação partidária e de filiados ou os vínculos que dependem dessa estrutura mais ampla que são mobilizados em uma campanha se associam aos vizinhos.

A outra direção na qual as pesquisas estão se desenvolvendo é a que considera o **fluxo informacional** na tomada de decisão do voto. Uma eleição pressupõe que os candidatos se comuniquem com os eleitores, e estes, com base nas informações que recebem, decidem como votar. A relação entre ambos depende, assim, de uma rede informacional que permita que essa comunicação ocorra. Contudo, a difusão de informação não é homogênea no território, sendo determinada pelas demais relações sociais, econômicas e políticas existentes, inclusive antes de a própria campanha ocorrer. Essa heterogeneidade é construída por diversos fatores, como o fluxo diário de deslocamento entre o local de residência e o trabalho ou a escola, as viagens para ir a um hospital, ao *shopping center*, ao mercado, a um espaço de lazer etc.

Essas duas direções permitem que se pense a regionalização dos votos de maneira mais ampla e em interação com as regras eleitorais. As regras eleitorais, embora importantes e decisivas, não são causas suficientes para a explicação completa dos eventos políticos que formam os mapas eleitorais que observamos. Por isso, a incorporação desses outros aspectos tem se mostrado um campo profícuo com bastante repercussão em novas pesquisas.

Esta apresentação teórica é a base utilizada para a avaliação das pesquisas sobre o caso brasileiro. Na próxima seção, mostraremos o que foi feito em relação a cada uma dessas abordagens. É importante que a leitora considere que as modificações ocorrem não só porque as pesquisas sobre eleições avançam, mas também porque os paradigmas se alteram ao longo do tempo.

(3.3)
Pesquisas empíricas sobre o Brasil

Os estudos sobre geografia eleitoral para eleições majoritárias brasileiras são encontrados pelo menos desde a década de 1960[4]. Segundo Lamounier (1982), os trabalhos sobre distribuição espacial dos votos em sua relação com o sistema eleitoral se dividiam entre aqueles que investigavam a questão do "voto urbano" e aqueles que estudavam padrões de concentração e dispersão dos votos.

O trabalho pioneiro de Fleischer (1976) considerou os efeitos da adoção da lista aberta[5] ao olhar para o desempenho individual dos candidatos. Esse sistema eleitoral produz incentivos para o cultivo do voto pessoal, atribuindo centralidade às pessoas dos candidatos. Portanto, apesar da relevância de estudos que apresentam os partidos como unidade de análise – por exemplo, Soares (1973) –, são também necessárias pesquisas acerca do desempenho individual de candidatos sob esse sistema.

Dessa maneira, Fleischer (1976) analisa as eleições dos anos de 1966, 1970 e 1974 para os cargos de deputado federal e estadual em Minas Gerais. Seu interesse é mapear as zonas eleitorais onde os

---

4   Como exemplo, Veiga et al. (1960) avaliaram as eleições para o Executivo estadual de Pernambuco nos pleitos de 1950, 1954 e 1958, em estudo publicado na Revista Brasileira de Estudos Políticos.

5   Em sistemas de representação proporcional, partidos apresentam uma lista de candidatos aos eleitores. Chamamos de lista aberta aquela que não é preordenada. Assim, cabe aos eleitores estipular a ordem desses candidatos em cada lista, a partir dos votos que atribuem a cada um desses candidatos. Apenas ao final da eleição se saberá quem será o indicado de cada partido para ocupar as cadeiras que conquistou. Em um sistema de lista fechada, o partido informa, antes da eleição, a ordem dos candidatos. Isso significa que, se o partido conseguir votos suficientes para eleger, digamos, duas pessoas, os dois primeiros indicados ocuparão essas posições. Na lista aberta, os eleitos são os dois mais votados da lista.

eleitos obtiveram maior sucesso e a forma como se dá a representação em regiões do estado onde dois partidos concorriam. O autor observa que as eleições para deputados estaduais seriam mais "distritáveis" (ou seja, espacialmente concentradas) do que aquelas para deputados federais, assim como os deputados do Movimento Democrático Brasileiro (MDB) também seriam mais "distritáveis" do que os da Aliança Renovadora Nacional (Arena). Porém, para Fleischer (1976), essa "distritalização" não é a regra, já que diversos deputados são eleitos em razão do sistema proporcional, além de deputados eleitos poderem advir de uma mesma "base distrital".

Por algum tempo, esses estudos de concentração e dispersão de votos buscaram investigar a eventual existência de um sistema eleitoral majoritário de fato entremeado ao sistema proporcional, nas eleições para deputado federal (Lamounier, 1982; Carvalho, 2003). Tais trabalhos indicavam a presença de um contingente considerável de deputados com votação concentrada regionalmente.

Assim, a partir da consideração de alguns estados brasileiros, iniciou-se uma discussão tanto acerca da pertinência da implementação de um sistema eleitoral distrital no Brasil quanto sobre a eventual violação do "princípio orientador" do sistema proporcional brasileiro (Lamounier, 1982; Martins, 1983; Carvalho, 2003). Contudo, ressaltamos que as avaliações empreendidas na década de 1980 (Lamounier, 1982; Martins, 1983) foram realizadas com base em poucos estudos de caso, em um número limitado de unidades da Federação, o que não permite que generalizemos seus achados para o funcionamento do sistema eleitoral em todos os estados.

A partir da década de 1990, os estudos sobre geografia eleitoral no Brasil perderam o foco na identificação de um sistema distrital entremeado no proporcional e se ligaram à literatura associada à **conexão eleitoral**, com clara influência institucionalista. Originado na obra de Mayhew (2004), um dos maiores exemplos do modelo distributivista[6], o conceito de conexão eleitoral denota a vinculação estreita do comportamento do parlamentar com a sua base eleitoral, espacialmente delimitada. Isto é, as decisões tomadas pelo congressista no decorrer de seu mandato teriam o intuito de atender a interesses específicos de um contingente de cidadãos com vistas a receber seus votos na próxima disputa eleitoral. Em lugar de promoverem um debate a respeito de questões nacionais ou mais gerais, os políticos estariam dedicados a responder a preocupações particulares, que estão geograficamente localizadas. Logo, a identificação da distribuição geográfica de votos dos parlamentares torna-se fundamental para as aplicações empíricas desse conceito.

Esse enfoque repercutiu nas pesquisas que tratavam o caso brasileiro. Barry Ames (1995b, 2003, 2012), por exemplo, busca compreender as estratégias dos candidatos que disputam eleições no sistema proporcional e, posteriormente, investiga as relações entre a formação de seus territórios eleitorais e a atuação na arena legislativa (Ames, 1995a, 2003)[7]. Apesar das críticas posteriores em razão de limitações teóricas e empíricas, a abordagem proposta repercute até os dias atuais, o que demonstra sua relevância para esse debate na literatura.

---

6 *"O modelo distributivista tem por ponto de partida a motivação dos parlamentares. Parlamentares, basicamente, querem se reeleger. As ações dos congressistas devem ser compreendidas tendo por referência este desejo. Em especial, suas preferências quanto a políticas públicas só são inteligíveis se referidas à necessidade de garantir sua reeleição. As chances de um deputado se reeleger são uma função positiva das políticas por ele obtidas em benefício direto do seu eleitorado"* (Limongi, 1994, p. 8).

7 A investigação desse autor acerca das estratégias no sistema proporcional de lista aberta também inclui variáveis relacionadas à atividade legislativa dos deputados em sua análise, porém, como estas só compõem um dos modelos do estudo e não se constituem em seu foco principal, optou-se pela classificação apresentada.

Para operacionalizar os conceitos mobilizados nesses trabalhos, Ames propõe uma tipologia de padrões espaciais de votos, aplicável ao sistema eleitoral de lista aberta brasileiro, formada pela combinação de duas dimensões distintas. A **dimensão vertical** se refere à **força eleitoral** do candidato em determinado município, medida pela proporção da votação individual do candidato que essa cidade representa em relação aos votos válidos nessa localidade. Ou seja, a força eleitoral busca aferir o protagonismo daquele candidato em cada uma das cidades. Assim, "os candidatos com médias ponderadas mais altas tendem a dominar seus municípios mais importantes ou principais; os que têm médias ponderadas mais baixas compartilham os votos desses municípios principais com outros candidatos" (Ames, 2003, p. 65). Nesse aspecto, a proposta é a distinção entre os padrões de votação **dominante** e **compartilhado**. A **dimensão horizontal** também se baseia na votação que o candidato recebeu em cada município, aferindo se esses votos se agruparam em poucos municípios ou estiveram dispersos pelo distrito eleitoral (Ames, 2003). Nesse eixo, a votação é classificada em **concentrada** ou **dispersa**. A partir desse cruzamento, surgem quatro possibilidades teóricas de padrões espaciais para as votações dos candidatos: 1) concentrado-dominante; 2) concentrado-compartilhado; 3) disperso-compartilhado; 4) disperso-dominante.

Essa classificação foi utilizada por um extenso número de autores na literatura nacional em estudos sobre geografia do voto sob competição em lista aberta, em eleições para os cargos de deputado federal (Carvalho, 2003; Borges; Paula; Silva, 2016), deputado estadual (Castro, 2016; Corrêa, 2011, 2012, 2016a, 2016b; Fedozzi; Corrêa, 2015; Rocha, 2015) e vereador (Silva, 2011; Terron; Ribeiro; Lucas, 2012; Gelape, 2017). Apesar de os índices usados para classificar a votação dos candidatos variarem entre esses diversos estudos, a maioria das pesquisas se baseia explicitamente nos pressupostos distributivistas assentados pelo autor norte-americano.

Em um exemplo de aplicação dessa taxonomia, Carvalho (2003) analisa os padrões de concentração e dominância dos deputados eleitos nas disputas de 1994 e 1998. O autor verifica que os deputados se dividiam praticamente de forma equânime quanto às dimensões horizontal (46% dos eleitos tiveram votação concentrada, e 54%, fragmentada) e vertical (49% dos eleitos apresentavam padrão dominante em 1994, e 47% em 1998), notando que essa distribuição era estável entre os dois pleitos analisados. Ao classificar os deputados eleitos segundo a região de origem, ele destaca a predominância do padrão disperso-dominante no Nordeste, do disperso-compartilhado no Sul e do concentrado-compartilhado no Sudeste.

Ao classificar os deputados de acordo com o respectivo partido político, o autor verifica que, ao contrário da expectativa, partidos com maior vocação ideológica, como o Partido dos Trabalhadores (PT) e o Partido Progressista Brasileiro (PPB), tinham mais deputados de padrão concentrado-compartilhado, enquanto um maior número de deputados de partidos de tipo *catch-all*[8], como o Partido do Movimento Democrático Brasileiro (PMDB) e o Partido da Frente Liberal (PFL), apresentava votação dispersa-dominante.

Inspirados pelos estudos clássicos da sociologia eleitoral brasileira (Soares, 1973), Carvalho e coautores também exploram a distinção dos padrões de votação entre capital e interior (Carvalho, 2003, 2009; Carvalho; Corrêa; Ghiggino, 2010), observando que havia uma sub-representação das capitais e também das 100 maiores cidades

---

[8] O conceito de partido catch-all *foi desenvolvido por Kirchheimer (2012) e pode ser resumido pelas seguintes características: "a) desideologização do discurso partidário; b) fortalecimento da liderança; c) declínio da importância da militância de base; d) apelo eleitoral pluriclassista; e) abertura para grupos de interesse variados" (Amaral, 2013, p. 15).*

brasileiras na Câmara dos Deputados e que os partidos ideológicos de esquerda e de direita conformavam a representação das capitais, enquanto os partidos *catch-all* tinham maior penetração no interior.

Em trabalhos mais recentes (Carvalho, 2009; Carvalho; Corrêa; Ghiggino, 2010), a investigação foca as relações entre a geografia eleitoral e as metrópoles. Em Carvalho (2009), o município se mantém como unidade empírica mais desagregada, sendo novamente verificada uma sub-representação das áreas urbanas (sejam as capitais, sejam os 100 maiores municípios, sejam as regiões metropolitanas), além da observação da ocorrência de um perfil espacialmente concentrado daqueles deputados federais provenientes das regiões metropolitanas.

Em outro exemplo dessa perspectiva, Carvalho, Corrêa e Ghiggino (2010) investigam a representação das "bancadas metropolitanas" de 13 regiões metropolitanas, nas eleições para deputados estaduais e federais no ano de 2006, além de se aprofundarem no caso da região metropolitana do Rio de Janeiro. Esse estudo apresenta uma importante alteração metodológica ao utilizar os resultados eleitorais por local de votação. Com base em seus achados, os autores puderam atestar que, ao contrário das expectativas teóricas, "o espaço urbano, agora metropolitano, está longe de abrigar um mercado político de característica uniforme, competitivo, favorecedor de representantes com orientações universalistas" (Carvalho; Corrêa; Ghiggino, 2010).

Desses trabalhos também resultou uma série de pesquisas que categorizam os deputados conforme a mesma tipologia, organizando os dados a partir de áreas internas aos municípios (Corrêa, 2011, 2012; Fedozzi; Corrêa, 2015; Rocha, 2015). Essa inovação visaria também evitar que a agregação dos municípios conduzisse a equívocos de avaliação acerca da competição política e dos incentivos eleitorais proporcionados aos representantes.

Apesar de disseminado, o uso dessa abordagem é problemático por diversas razões, e a complexidade dessa situação decorre do fato de que nenhuma mensuração está isolada da interpretação teórica a que se associa. Nesse caso, as medidas estão associadas à interpretação distributivista do comportamento parlamentar.

Imediatamente, deve-se argumentar se essa é uma chave teórica adequada para se investigar a atuação dos políticos brasileiros. Há uma série de críticas a essa interpretação, mostrando, por exemplo, que os partidos políticos têm influência direta nas decisões tomadas pelos deputados federais (Figueiredo; Limongi, 2001).

Ainda que a abordagem teórica se adequasse perfeitamente ao fenômeno de interesse, ainda há questões a respeito das medidas utilizadas. Primordialmente, a dificuldade apresentada por esses indicadores está relacionada a duas preocupações: a escolha da unidade de análise (em geral, o município) e a desconsideração da heterogeneidade do eleitorado pelo território.

Do primeiro ponto de vista, os indicadores não só são convencionalmente associados ao município, como teoricamente são suportados por tal característica. Em grandes aglomerações urbanas, como as regiões metropolitanas, parece frágil sustentar que a análise política se volte às cidades. Regiões de um município podem ter dinâmicas particulares que não seriam consideradas ao se analisar o município como um todo.

Mais importante ainda é o fato de as medidas propostas por esse conjunto da literatura não lidarem com o aspecto já mencionado da heterogeneidade do eleitorado pelo território. Obter uma votação alta numa cidade com poucos habitantes traz que tipo de consequência para a atuação de um deputado federal? Os deputados seriam movidos por votações em cidades pequenas ou se influenciariam por populações maiores? Como manter o interesse em cidades de porte médio e grande, nas quais é esperado que haja divisão de interesses da população – o que justifica a existência da regra proporcional? Medidas carregam os problemas teóricos que estão subjacentes a elas (Adcock; Collier, 2001) e, por isso, suscitam esses questionamentos. Diante da enorme heterogeneidade populacional das cidades do país, a teoria não parece oferecer explicações para nuances esperadas. É preciso buscar em outras referências teóricas explicações que lidem com a realidade do contexto brasileiro.

Com o intuito de apresentar abordagens que incluam essas características em sua formalização teórica, vamos retomar as duas abordagens já mencionadas em sua relevância para o caso brasileiro. A primeira é aquela sobre a importância da localidade de referência do candidato na decisão de voto (*localness*). O sistema eleitoral de lista aberta do país enfatiza características pessoais como primordiais para o voto (Samuels, 1999). Assim, essas localidades funcionam como ponto focal da votação de cada candidato. Ademais, ainda que recebam preferencialmente votos de sua localidade de referência, as candidatas percorrerão ao menos parte do estado em busca de votos, atingindo mais localidades a depender do financiamento disponível. Desse modo, esse local servirá de polo a partir do qual a campanha da candidata pode se expandir, dependendo dos recursos à disposição.

Os cidadãos, por sua vez, não estão distribuídos homogeneamente ao longo do território; ao contrário, estão concentrados em poucas cidades, como nas capitais e regiões metropolitanas. Essa concentração de pessoas leva também a uma concentração de serviços (Jacobs, 1970), o que faz com que as pessoas se desloquem das cidades onde residem em busca desses serviços. Esse movimento cria uma rede pela qual percorrem fatos políticos e informações diversas que servirão de referência no momento eleitoral. As campanhas políticas se somarão a esse fluxo preexistente e comporão um material básico para que os eleitores tomem suas decisões.

Do ponto de vista da regionalização de votos, o resultado da eleição depende destes múltiplos fatores: o conjunto de candidatos em disputa e as respectivas localidades de referência; o esforço de campanha de cada um deles, não só em termos de recursos monetários disponíveis, mas também quanto às decisões de divulgação da candidatura; a distribuição regional dos eleitores pelo território, considerando-se tanto os locais onde residem quanto aqueles pelos quais transitam, formando uma rede informacional.

Vale ainda mencionar que existe um debate na literatura sobre a **regionalização dos votos para presidente** no Brasil. A partir dos anos 1990, a ênfase do debate sobre geografia eleitoral voltava-se primordialmente para as eleições proporcionais ao Legislativo nacional, basicamente em razão da preocupação com a governabilidade diante do arranjo institucional adotado na nova Constituição. Assim, o termo *geografia do voto* associava-se à análise dos padrões espaciais dos votos dos deputados federais. Tais padrões eram entendidos como uma determinada relação entre político e eleitor e, consequentemente, como um estímulo ao comportamento dos deputados no Congresso, sintetizado no termo *conexão eleitoral*.

Com a prevalência da chave interpretativa que ressalta as bases institucionais do presidencialismo de coalizão (Figueiredo; Limongi, 2001), há uma perda de interesse nesse debate sobre a conexão eleitoral. Nessa nova perspectiva, os incentivos eleitorais ao comportamento dos parlamentares parecem secundários diante da capacidade institucional de o Executivo impor sua agenda (Reis, 2008). Ainda que os estímulos decorrentes das regras eleitorais permaneçam, eles não parecem ser capazes de produzir o efeito desagregador previsto. Nesse período, as pesquisas acabam se direcionando a aspectos circunscritos dos incentivos eleitorais – basicamente, a alocação de emendas ao orçamento pelos parlamentares – e essa abordagem perde centralidade no debate acadêmico.

Após a eleição de 2006, a ideia de conexão eleitoral retoma sua projeção. As eleições para presidente são incorporadas no argumento, em razão da suposta alteração no padrão de votação entre as regiões do país (Nordeste e Sul/Sudeste) nas disputas entre o PT e o Partido da Social Democracia Brasileira (PSDB). A literatura discute se os padrões de fato se alteraram ao longo do tempo e quais seriam as causas para o fenômeno (Limongi; Guarnieri, 2014, 2015, 2018; Singer, 2012; Zucco; Power, 2013). Com isso, o foco da disputa geográfica se desloca para a eleição majoritária nacional, mas, nesse caso, sem a mesma relevância da dimensão institucional como nos trabalhos anteriores. O Bolsa Família, por exemplo, é apontado como um dos fatores que levam à regionalização tão marcada das eleições presidenciais (Zucco; Power, 2013), embora haja sérias críticas a essa interpretação (Simoni Júnior, 2017).

Apesar das diferentes ênfases aqui resumidas, algumas perspectivas parecem constantes. Até o presente momento, seja para eleições legislativas, seja para eleições presidenciais, a literatura sempre considera que os eleitores reagem a determinadas ações de políticos. O foco dos trabalhos esteve na capacidade dos atores políticos, sejam candidatas, sejam políticos eleitos, sejam partidos, em conformar um eleitorado (sua *constituency*). Esse foco faz com que se perca de vista quais são as variadas formas que o eleitorado tem de reagir às diferentes ações daqueles atores e, mais do que isso, como a dimensão espacial se relaciona com essas reações.

A ausência que nos parece a mais importante é a da heterogeneidade informacional produzida pela ocupação também heterogênea do espaço. Se o vínculo entre eleitor e representantes depende de um fluxo informacional implícito entre ambos (Lau; Redlawsk, 2006), temos de estar atentos à influência da dinâmica espacial sobre tal fluxo. Parece-nos que o fluxo informacional ainda não foi satisfatoriamente incorporado na análise de eleições brasileiras. As pesquisas precisam avançar nesse sentido e, para tal, é importante considerar as medidas existentes que sejam adequadas à sua execução.

(3.4)
QUESTÕES EMPÍRICAS

A literatura sobre o caso brasileiro revela uma grande diversidade de indicadores que podem ser utilizados para avaliar a dispersão dos votos dos candidatos em uma eleição. Nesta seção, apresentaremos alguns desses indicadores[9] e, também, alguns códigos como exemplos. Por meio desses indicadores, conseguimos dar um passo além do simples número de votos absolutos ou proporcionais obtidos por um candidato em determinado território, em especial porque esse número pode ser fortemente afetado pela distribuição da população em um território.

Neste capítulo, usaremos os pacotes em *R* listados a seguir. Carregue-os no início de sua sessão para não ter problemas ao executar os exemplos apresentados.

```
# Pacotes
library(dplyr)
library(tidyr)
library(readr)
library(sf)
library(geobr)
library(ggplot2)
library(ggspatial)
library(classInt)
```

---

9   Avelino, Biderman e Silva (2011), Corrêa (2016b) e Gelape (2017) apresentam uma discussão mais ampla, ainda que não exaustiva, dos indicadores empregados pela literatura.

3.4.1 Indicadores globais de concentração e dispersão de votos

Como mencionado anteriormente, a ciência política brasileira discute há várias décadas se/como os votos de candidatos se concentram no espaço. Uma série de indicadores já foram adotados para isso. Ao longo dos anos, eles se caracterizam por um progressivo refinamento teórico e metodológico, também refletindo o avanço da disciplina.

Atualmente, o indicador mais utilizado para avaliar a concentração e dispersão global (isto é, como um todo) dos votos de uma candidata[10] é o **índice G**. Introduzido na ciência política brasileira por meio do trabalho de Avelino, Biderman e Silva (2011), ele é uma adaptação de um indicador proposto por Ellison e Glaeser (1997) para a economia regional. Como explicam Avelino, Biderman e Silva (2011, p. 324), "o índice deduz dos votos observados para um dado deputado a votação que seria esperada para esse mesmo deputado caso os votos fossem distribuídos de forma aleatória entre os municípios". Dessa forma, o índice G apresenta um contrafactual claro, pois a distribuição aleatória dos votos implicaria sua dispersão, além de ter atributos estatísticos desejáveis, como a existência de um valor zero com significado (Avelino; Biderman; Silva, 2011).

A seguir, apresentamos a fórmula de cálculo desse indicador.

Equação 3.1

$$G_i = \sum_m \left(\frac{V_{im}}{V_i} - \frac{V_m}{V} \right)^2$$

---

10 Ames (2003) também chamou esse aspecto de dimensão horizontal *da distribuição geográfica dos votos de um candidato.*

Nessa fórmula, m é o município onde foram depositados os votos, V_{im} é o total de votos do candidato i no município m, V_i é o total de votos do candidato i (somatório de votos do deputado i em cada um dos municípios do estado), V_m é o total de votos para o cargo de deputado no município m, e V é o total de votos para o cargo de deputado em todo o estado (somatório dos votos de cada um dos deputados em cada um dos municípios do estado).[11]

Outro indicador adotado pela literatura é o de **Herfindahl--Hirschman (HH)**, introduzido para a análise da concentração/dispersão de votos no Brasil a partir do trabalho de Corrêa (2016b). Tal indicador foi formulado originalmente na economia "como forma de mensurar uma medida geral de concentração de um determinado segmento de mercado, levando-se em conta a fatia deste mercado que corresponde a cada empresa concorrente" (Corrêa, 2016b, p. 79). Para esse autor, esse indicador seria menos sensível à desigualdade na votação, além de ser fácil compreendê-lo. Contudo, o indicador não modela diretamente a distribuição do eleitorado ao longo do distrito. Dessa forma, o resultado pode indicar simplesmente a distribuição natural da população em um território. O indicador HH é calculado por meio da fórmula apresentada a seguir.

Equação 3.2

$$HH_i = \sum_m \left(\frac{V_{im}}{V_i}\right)^2$$

---

11 *Essas mesmas notações serão adotadas para todas as fórmulas apresentadas neste capítulo.*

Apesar das virtudes e dos defeitos argumentados para cada um desses indicadores, há uma correlação bastante significativa entre eles. Ou seja, no geral, eles capturam satisfatoriamente o mesmo fenômeno. Por fim, vale destacar outro indicador empregado pela literatura: o **número efetivo de unidades geográficas**, uma adaptação do já consagrado número efetivo de partidos (Laakso; Taagepera, 1979) à votação de cada candidato (Carvalho, 2003; Gomes, 2009; Corrêa, 2011)[12]. Ainda que o número efetivo de unidades geográficas seja uma adaptação de um índice tradicional na disciplina, ele tem a grave limitação de ser condicionado ao número de unidades geográficas do distrito eleitoral onde as eleições ocorrem, o que dificulta a comparação entre distritos em que esse número de unidades varia, como argumenta Corrêa (2016b).

Levando em conta a forte correlação entre os dois principais indicadores (G e HH), recomendamos a utilização do primeiro (G), visto que ele considera a dimensão da distribuição do eleitorado pelo distrito, além de ser mais adotado nos estudos sobre geografia eleitoral realizados na ciência política. No bloco de código indicado a seguir, apresentamos uma função para calcular esse indicador a partir de um banco de dados com todos os candidatos que disputam em certo distrito eleitoral. Aplicamos essa função ao caso dos candidatos a deputado federal no Mato Grosso do Sul em 2022, destacando o valor do índice G para a deputada Camila Jara (PT-MS).

---

12 De municípios, no caso de Carvalho (2003); unidades espaciais homogêneas, em Gomes (2009); e áreas de ponderação do Censo de 2000, no caso de Corrêa (2011).

```r
# Função para cálculo do índice G
G <- function(base, candidato, agregacao, votos){
    # Cria tabela com n. de votos do candidato/agregação
    x <- base |>
    select({{candidato}}, {{agregacao}}, {{votos}}) |>
    group_by({{candidato}}, {{agregacao}}) |>
    summarise(votos = sum({{votos}}, na.rm = T)) |>
    ungroup()
    # Cria uma tabela com todas as agregações/candidato
    expand(x, {{candidato}}, {{agregacao}}) |>
    # Passa as informações de voto por candidato-agregação
    left_join(x) |>
    # Preenche NA por zero
    # Cria nova coluna com votos no município
    mutate(votos = ifelse(is.na(votos), 0, votos),
    total = sum(votos, na.rm = T)) |>
    # Calcula o total de votos do candidato
    group_by({{candidato}}) |>
    mutate(tot_cand = sum(votos, na.rm = T)) |>
    ungroup() |>
    # Calcula o total de votos da agregação
    group_by({{agregacao}}) |>
    mutate(tot_agregacao = sum(votos, na.rm = T)) |>
    ungroup() |>
    # Calcula o índice G por agregação
    group_by({{candidato}}, {{agregacao}}) |>
    summarise(indiceG = ((votos / tot_cand) - (tot_agregacao/total))^2) |>
    ungroup() |>
    # Calcula o indice G final
    group_by({{candidato}}) |>
    summarise(indiceG = sum(indiceG, na.rm = T)) |>
    ungroup()

# Aplicação: candidatos a deputado federal, MS
# Importa os dados
ms_depfed_2022 <- readRDS("dados/ms_depfed_2022.rds")

# Cálculo do G
g_deputados_ms22 <- G(ms_depfed_2022,
    NM_CANDIDATO, CD_MUNICIPIO, QT_VOTOS_NOMINAIS)

# A candidata Camila Jara (PT-MS) tem um G de 0,12
g_deputados_ms22 |> filter(NM_CANDIDATO == "CAMILA
BAZACHI JARA MARZOCHI")
```

Os indicadores descritos nesta seção visam apresentar um único valor que resuma a concentração/dispersão espacial da votação de diferentes candidatos. Pela sua natureza, portanto, eles não permitem avaliar o desempenho do candidato em diferentes áreas. Na próxima seção, trataremos de dois indicadores que possibilitam que se investigue esse aspecto da geografia eleitoral.

3.4.2 Indicadores locais

Como explicado ao final da última seção, os indicadores globais da concentração não permitem avaliar a *performance* de um candidato em áreas específicas. Tendo em vista a questão da distribuição desigual do eleitorado entre áreas, a partir de indicadores originalmente formulados na economia – o **quociente locacional** e o ***cluster* horizontal** –, Silva e Davidian (2013) propõem adaptá-los para o estudo de eleições. Chamaremos esses indicadores de *locais*, pois eles permitem a avaliação de áreas individualmente e levando em conta o tamanho do eleitorado. Inicialmente pensados para aplicação relativa à votação em diversos municípios, eles podem ser adaptados para outras áreas, como no caso de distritos de uma cidade, como já o fizeram outros autores (Gelape; Luz; Thomé, 2024).

Quociente locacional (QL)

De maneira sintética, o quociente locacional (QL) é um indicador originalmente proposto na economia e pode ser definido como uma comparação entre a proporção de emprego de determinado setor da economia em certo nível regional e a proporção que seria esperada diante da participação dessa região na força de trabalho total da área maior de análise, seja estado, seja nação. Se uma região qualquer apresenta, digamos, 20% da força de trabalho total, encontraremos setores concentrados nessa região se eles tiverem mais do que 20% do emprego ali. Ao contrário, teremos sub-representação de algum setor se ele tiver menos do que 20%. Dessa forma, o índice nos mostra a importância relativa de cada região no setor analisado da economia, indicando se há empregados em número acima ou abaixo do que seria esperado para o tamanho daquela região. Assim, analogamente, é possível adaptar o índice aos resultados eleitorais, como propõem Silva e Davidian (2013), por meio da expressão a seguir.

Equação 3.3

$$QL = \frac{\frac{V_{im}}{V_i}}{\frac{V_m}{V}}$$

Nessa expressão, V_{im} é o total de votos do candidato i no município m, V_i é o total de votos obtidos pelo candidato i, V_m é o total de votos na cidade m, e V é o total de votos na soma das cidades (no estado, por exemplo). Para efeito dos cálculos das concentrações em cada município, o QL é uma medida simples para indicar onde está a concentração de votos, já que permite inferir diretamente a proporção de votos recebida por um candidato em cada município que supera o esperado se a distribuição espacial fosse homogênea em relação ao número de eleitores e ao total de votos do candidato.

O numerador mede a proporção de votos do candidato em dado município, e o denominador, a proporção de votos da cidade sobre o total do distrito. Dessa maneira, quando o QL é igual a 1, isso significa que o candidato recebeu exatamente a quantidade de votos esperada naquele município se a distribuição de votos fosse homogênea, dado o total de votos recebidos por ele; se igual a 2, o candidato teria recebido duas vezes mais votos do que o esperado, e assim sucessivamente. Esse dado permite comparar a votação obtida em termos relativos por município com uma distribuição homogênea. Temos, assim, um contrafactual natural para esse indicador.

Agrupamento horizontal (Horizontal Cluster – HC)

A partir do QL, Fingleton, Igliori e Moore (2005) sugerem um novo indicador, que seja capaz de lidar com a informação sobre a concentração de emprego, mas, ao mesmo tempo, mantendo a unidade original dos dados. Sua proposição é o índice denominado *agrupamento horizontal*, ou, no original em inglês, *horizontal cluster* (HC). A estrutura desse indicador adaptada a uma eleição pode ser apresentada da seguinte forma: assume-se que V^*_{im} seja o total de votos que igualaria a 1 o valor do QL observado para um candidato em determinado município. O HC seria, então, igual a $V_{im} - V^*_{im}$, ou seja, a diferença entre o valor efetivamente observado de votos e aquele que se esperaria ver se os votos estivessem espalhados no território de acordo com a população relativa de cada município. Assim, quando o QL é igual a 1, obtém-se $V^*_{im} = (V_i * V_m)/V$, sendo possível indicar o HC pela expressão a seguir.

Equação 3.4

$$HC = \left(\frac{V_i * V_m}{V}\right) * (QL - 1)$$

Portanto, o HC será maior do que zero quando o QL for maior do que 1, indicando a quantidade de votos que o deputado obteve em número superior ao que seria observado naquela localidade se houvesse distribuição homogênea de votos. Porém, o HC será negativo quando o QL for menor do que 1, mostrando exatamente quantos votos a menos do que a distribuição dos eleitores o candidato alcançou. O HC fornece uma interpretação ainda mais simples do que a oferecida pelo QL, ao indicar o número de votos em excesso (ou falta) em relação à distribuição populacional. Dessa forma, um HC igual a 500 indica que o candidato obteve 500 votos a mais do que a distribuição esperada de seus votos sugere para aquela região. Se, por um lado, o QL fornece uma informação que controla a diferença de votos em termos relativos à população de cada localidade, por outro, o HC informa o valor dessa diferença em termos de votos.

O bloco de códigos a seguir indica as funções para calcular o QL e o HC no *R*, além de aplicá-los ao mesmo exemplo da seção anterior: a votação da candidata a deputada federal Camila Jara (PT-MS).

```
### Função para cálculo dos índices QL e HC
# QL
QL <- function(base, candidato, agregacao, votos){
    # Cria tabela com o n. de votos do candidato/agregação
    x <- base |>
        select({{candidato}}, {{agregacao}}, {{votos}}) |>
        group _ by({{candidato}}, {{agregacao}}) |>
        summarise(votos = sum({{votos}}, na.rm = T)) |>
        ungroup()
    # Cria uma tabela com todas as agregações por candidato
    expand(x, {{candidato}}, {{agregacao}}) |>
    # Passa as informações de voto por candidato-agregação
    left _ join(x) |>
    # Preenche NA por zero
    # Cria nova coluna com votos no município
    mutate(votos = ifelse(is.na(votos), 0, votos),
    total = sum(votos, na.rm = T)) |>
    # Calcula o total de votos do candidato
    group _ by({{candidato}}) |>
    mutate(tot _ cand = sum(votos, na.rm = T)) |>
    ungroup() |>
    # Calcula o total de votos da agregação
    group _ by({{agregacao}}) |>
    mutate(tot _ agregacao = sum(votos, na.rm = T)) |>
    ungroup() |>
```

```r
    # Calcula o QL por candidato-agregação
    group_by({{candidato}}, {{agregacao}}) |>
    summarise(LQ = (votos/tot_cand) / (tot_agregacao/total)) |>
    ungroup()
    }
###################################################################

HC_QL <- function(base, candidato, agregacao, votos){
    # Cria tabela com o n. de votos do candidato/agregação
    x <- base |>
    select({{candidato}}, {{agregacao}}, {{votos}}) |>
    group_by({{candidato}}, {{agregacao}}) |>
    summarise(votos = sum({{votos}}, na.rm = T)) |>
    ungroup()
    # Cria uma tabela com todas as agregações por candidato
    expand(x, {{candidato}}, {{agregacao}}) |>
    # Passa as informações de voto por candidato-agregação
    left_join(x) |>
    # Preenche NA por zero
    # Cria nova coluna com total de votos no município
    mutate(votos = ifelse(is.na(votos), 0, votos),
           total = sum(votos, na.rm = T)) |>
    # Calcula o total de votos do candidato
    group_by({{candidato}}) |>
    mutate(tot_cand = sum(votos, na.rm = T)) |>
    ungroup() |>
    # Calcula o total de votos da agregação
    group_by({{agregacao}}) |>
    mutate(tot_agregacao = sum(votos, na.rm = T)) |>
    ungroup() |>
    # Calcula o HC por candidato-agregação
    group_by({{candidato}}, {{agregacao}}) |>
    summarise(
    indice_ql = (votos/tot_cand) / (tot_agregacao/total),
    indice_hc = ((tot_cand*tot_agregacao)/total) *
    (indice_ql-1)
    ) |>
    ungroup()
    }
# Cálculo do HC e do QL
hcql_deputados_ms22 <- HC_QL(
    ms_depfed_2022,
    NM_CANDIDATO, NM_MUNICIPIO, QT_VOTOS_NOMINAIS)
```

```
# Imprime municípios com QL mais altos de Camila Jara
# Ela ultrapassou o esperado em 5 municípios

# Podemos ver isso em termos de votos com o HC:
hcql_deputados_ms22 |>
    filter(NM_CANDIDATO == "CAMILA BAZACHI JARA MARZOCHI") |>
    slice_max(indice_hc, n = 10)
# Conforme esperado pelos resultados anteriores, o HC
# assume valores negativos a partir do 6o município.
# Contudo, a expressiva votação da candidata em Campo
# Grande foi essencial para a sua vitória.
```

Agora, podemos produzir visualizações para a votação de Camila Jara com base nesses dois indicadores. Cores vermelhas indicarão um desempenho acima do esperado (em uma distribuição aleatória da votação), enquanto cores azuis apontarão para municípios em que o desempenho esteve abaixo da expectativa.

```
##### Mapa de resultado do QL
hcql_camilajara <- HC_QL(ms_depfed_2022,
    NM_CANDIDATO, CD_MUNICIPIO, QT_VOTOS_NOMINAIS) |>
    filter(NM_CANDIDATO == "CAMILA BAZACHI JARA MARZOCHI")

# Passamos o código do IBGE ao objeto com a votação
hcql_camilajara <- hcql_camilajara |>
    left_join(ids_ibge,
    by = c("CD_MUNICIPIO" = "COD_MUN_TSE"))

# Faz download de objeto espacial com os municípios do MS
ms_municipios <- read_municipality(code_muni = "MS")

# Cria objeto espacial
camilajara_espacial <- ms_municipios |>
    mutate(code_muni = as.character(code_muni)) |>
    left_join(hcql_camilajara, by = c("code_muni" =
    "COD_MUN_IBGE")) |>
```

```
# Como valores menores que 1 se referem a um
# desempenho abaixo do esperado, produzimos uma
# variável categórica que aponte esse corte
# para usarmos uma paleta divergente no mapa
mutate(ql_cortes = case_when(
  indice_ql < 0.5 ~ "< 0,5",
  indice_ql > 0.5 & indice_ql <= 0.9999999 ~ "0,5-1",
  indice_ql == 1 ~ "1",
  indice_ql > 1 & indice_ql <= 1.5 ~ "1-1,5",
  indice_ql > 1.5 ~ "> 1,5"),
  ql_cortes = factor(
  ql_cortes,
  levels = c("< 0,5", "0,5-1", "1", "1-1,5", "> 1,5")))

# Produz a visualização com o ggplot2
camilajara_espacial |>
  ggplot() +
  geom_sf(aes(fill = ql_cortes), linewidth = 0.03) +
  labs(
  title = "Índice QL - Camila Jara",
  subtitle = "(Deputada Federal, PT-MS)") +
  scale_fill_brewer(
  palette = "RdBu", direction = -1,
  # Esse argumento mostra todos os valores de uma
  # escala, mesmo se nenhuma obs. se encaixar nele
  drop = FALSE,
  # Remove o título da legenda
  name = NULL) +
  annotation_scale(location = "bl", width_hint = 0.2) +
  # Remove as linhas de coordenadas
  coord_sf(datum = NA) +
  # Muda o fundo para o tema minimal
  theme_minimal() +
  theme(
  plot.title = element_text(hjust = 0.5, size = 14),
  plot.subtitle = element_text(hjust = 0.5, size = 12),
  legend.position = "bottom",
  legend.direction = "horizontal")
```

No Mapa 3.1, vemos os resultados dos códigos previamente apresentados. Camila Jara obteve uma votação acima do que era esperado em poucos municípios do Mato Grosso do Sul, indicados em vermelho.

Mapa 3.1 – Mapa coroplético com o QL para a candidata selecionada

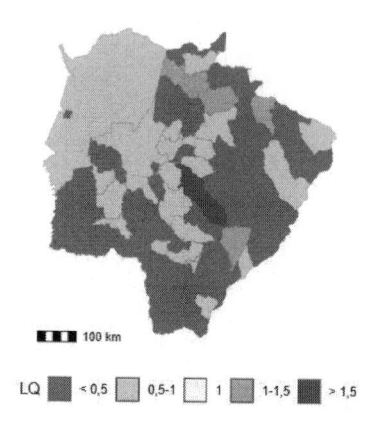

Fonte: Elaborado com base em Brasil, 2024a; IBGE, 2010b.

Agora, geramos um mapa com a mesma paleta de cores, porém utilizando uma nova variável categórica ordinal, produzida a partir do índice HC. Note como os municípios em vermelho são os mesmos; já os tons de azul (e vermelho) são condicionados pelas quebras na escala empregada.

```
# Produz a visualização com o ggplot2
camilajara_espacial |>
    ggplot() +
    geom_sf(aes(fill = hc_cortes), linewidth = 0.03) +
    labs(
    title = "Índice HC - Camila Jara",
    subtitle = "(Deputada Federal, PT-MS)") +
    scale_fill_brewer(
    palette = "RdBu", direction = -1,
    drop = FALSE,
    name = NULL) +
    annotation_scale(location = "bl", width_hint = 0.2) +
    coord_sf(datum = NA) +
    theme_minimal() +
    theme(
    plot.title = element_text(hjust = 0.5, size = 14),
    plot.subtitle = element_text(hjust = 0.5, size = 12))
```

No Mapa 3.2, observamos um padrão semelhante ao do Mapa 3.1, com a candidata Camila Jara obtendo votações maiores do que o esperado em poucos municípios, que estão representados em vermelho.

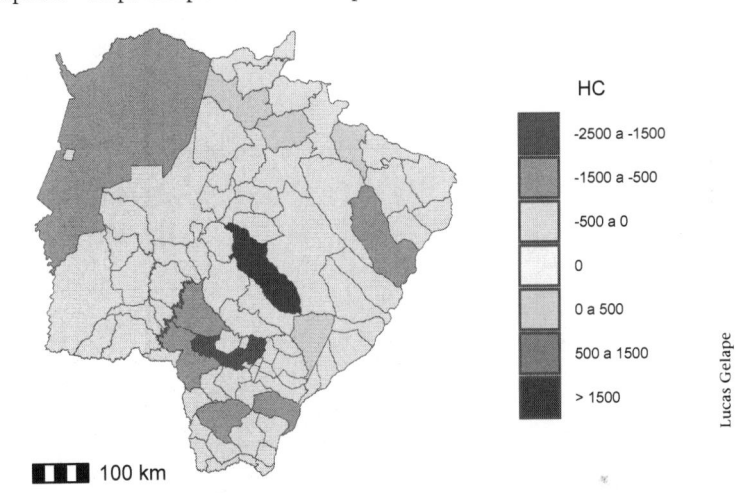

Mapa 3.2 – Mapa coroplético com o HC para a candidata selecionada

HC
-2500 a -1500
-1500 a -500
-500 a 0
0
0 a 500
500 a 1500
> 1500

Lucas Gelape

100 km

Fonte: Elaborado com base em Brasil, 2024a; IBGE, 2010b.

Nesse último mapa, é possível notar que, apesar da clara concentração em Campo Grande, não conseguimos representar adequadamente a imensa diferença na magnitude do índice HC que observamos anteriormente ao imprimir os maiores valores desse indicador para essa candidata. Por isso, apresentamos um outro tipo de visualização, talvez mais adequado para mostrar esse resultado: o mapa de símbolos proporcionais. Nele, plotamos os centroides[13] dos polígonos em questão (no caso, municípios do Mato Grosso do Sul), e esses símbolos terão um tamanho proporcional ao valor de

---

13 *Centro geométrico do polígono.*

determinada variável (no caso, o HC). O código a seguir mostra como realizar essa operação.

```r
##### Símbolos proporcionais
# Criamos um objeto espacial com os centroides
# dos municípios com as informações dos indicadores
centroides_ms <- st_centroid(camilajara_espacial)

ggplot() +
    geom_sf(
    # Insere a primeira camada de mapas (fundo)
    data = ms_municipios,
    # Preenche essas áreas de branco
    fill = "white",
    linewidth = 0.1) +
    # Insere a segunda camada (indicadores de votação)
    geom_sf(
    data = centroides_ms,
    aes(
    # Centroides com tamanho do valor absoluto do hc
    size = indice_hc,
    # Preenchidos pela variável hc_cortes
    color = hc_cortes)) +
    labs(
    title = "Índice HC - Camila Jara",
    subtitle = "(Deputada Federal, PT-MS)") +
    scale_color_brewer(
    palette = "RdBu", direction = -1,
    drop = FALSE, name = NULL) +
    # Altera as quebras e tamanho dos círculos
    scale_radius(range = c(1, 25),
    breaks = c(0, 500, 1500, 2500, 19000),
    name = NULL) +
    annotation_scale(location = "bl", width_hint = 0.2) +
    coord_sf(datum = NA) +
    theme_minimal() +
    theme(
    plot.title = element_text(hjust = 0.5, size = 14),
    plot.subtitle = element_text(hjust = 0.5, size = 12))
```

No Mapa 3.3, além de notarmos que o município de Campo Grande está no maior grau da escala de cores (o mesmo tom de vermelho preenchido anteriormente), vemos que ele tem um círculo substantivamente maior do que os círculos de todos os demais municípios.

Enquanto Camila Jara teve uma votação abaixo do valor esperado em quase todas as cidades sul-mato-grossenses, esse valor foi pequeno (o que é visto pelo pequeno tamanho dos círculos em azul-claro), contraposto ao grande círculo vermelho em Campo Grande.

Mapa 3.3 – Mapa coroplético com o HC em símbolos proporcionais para a candidata selecionada

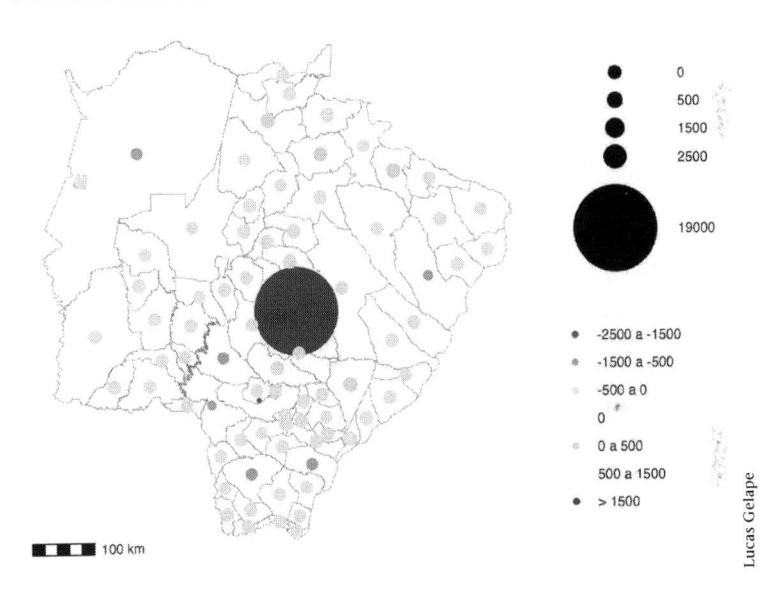

Fonte: Elaborado com base em Brasil, 2024a; IBGE, 2010b.

(3.5)
CUIDADOS NA PRODUÇÃO DE INFERÊNCIAS BASEADAS EM DADOS ESPACIAIS

Ao longo de todo este livro, estamos no processo de produção de inferências, isto é, "de usar fatos que sabemos para aprender sobre fatos que não sabemos" (King; Keohane; Verba, 1994, p. 46, tradução nossa). A produção de inferências baseadas em dados espaciais exige alguns cuidados, em especial com a falácia ecológica e o problema da unidade de área modificável (também conhecido pela sigla em inglês MAUP – *Modifiable Areal Unit Problem*).

A **falácia ecológica** se caracteriza pela inferência de "um comportamento individual a partir de características compiladas em um nível de grupo"[14] (Rodrigues-Silveira, 2013a, p. 43, tradução nossa). Por sua vez, o **MAUP** se dá pelo potencial de produção de inferências divergentes com base em diferentes agregações dos dados (Ávila; Monasterio, 2008; Gonçalves, 2016, 2021).

3.5.1 Falácia ecológica

Como vimos até este ponto do texto, as análises em geografia eleitoral com base nos dados do Tribunal Superior Eleitoral (TSE) se baseiam na agregação dos dados de seções eleitorais em diferentes níveis. Muitas vezes, essas informações são utilizadas para compreendermos fenômenos em nível individual – a inferência ecológica (King, 1997). Caso os padrões verificados em nível agregado não sejam aplicáveis em nível individual, trata-se da falácia ecológica[15].

Essa questão é frequentemente apontada em análises de geografia eleitoral. Por exemplo, a força de Jair Bolsonaro nos municípios com maiores índices de desenvolvimento humano no país não

---

14 *Seu oposto seria a falácia de composição (ou atomista), pouco comum em análises espaciais, baseadas em dados agregados. Em análise sobre os efeitos eleitorais do programa Bolsa Família, Simoni Júnior (2017) apresenta uma interessante discussão sobre a complementaridade entre dados em nível individual e agregados para a produção de inferências sobre esse assunto.*

15 *Existem, porém, técnicas estatísticas destinadas à produção de inferências ecológicas (King, 1997; Calvo; Escolar, 2003; Zolnerkevic; Guarnieri, 2023).*

necessariamente implica que seu eleitorado está somente entre aqueles de renda mais alta. Da mesma forma, um vereador bem votado em uma região rica de certo município não necessariamente tem sua base eleitoral entre eleitores de classe alta, uma vez que isso pode se dever à votação de pessoas de classes mais baixas residentes naquela região (pela existência de bolsões de pobreza, por exemplo).

3.5.2 Problema da Unidade de Área Modificável (MAUP)

No Capítulo 2, vimos que é possível agregar os resultados eleitorais em diferentes níveis, com base na geocodificação de locais de votação e na agregação dos votos em diferentes áreas. O MAUP aponta a possibilidade de o analista de dados chegar a diferentes conclusões a partir da agregação dos dados de diferentes maneiras.

Esse problema pode ter origem em duas fontes distintas (Ávila; Monasterio, 2008; Gonçalves, 2016, 2021):

- da **escala** ou **agregação**, como a agregação do voto em municípios, microrregiões, mesorregiões ou no estado inteiro;
- da **partição** ou **arranjo**, ou seja, o "efeito do zoneamento" (Gonçalves, 2021, p. 29), como a definição de fronteiras distintas para cálculo dos votos pelos bairros de um município ou zonas eleitorais (caso estas não coincidam com bairros).

Gonçalves (2016) nos lembra que o MAUP é inerente às inferências ecológicas. Assim, cabe ao pesquisador/analista lidar com essa questão da melhor forma possível. A escolha da "escala de análise" a ser utilizada deve decorrer principalmente da teoria, que pode guiar melhor essa escolha diante dos objetivos do analista (Gonçalves, 2021). Ao explorar diversas possibilidades de escalas empregadas em estudos de geografia eleitoral no país[16] e as respectivas justificativas, Gonçalves (2021) observa que as justificativas abrangem aspectos práticos/analíticos, teóricos/simbólicos e administrativos/legais, sendo que, para algumas dessas escalas, não são encontrados argumentos teóricos/simbólicos para a sua adoção. Inexistindo teoria que dê suporte para essa escolha (ou para contribuir para fortalecer a inferência produzida), a comparação de resultados em diversas escalas é recomendável, pois isso permite apontar o alcance dessas inferências (Ávila; Monasterio, 2008; Gonçalves, 2016).

Gonçalves (2016) investiga a relevância do MAUP para três áreas de estudo da geografia eleitoral brasileira. Enquanto pesquisas sobre concentração ou dispersão de padrões de votação são pouco afetadas pela escala, as áreas de cartografias eleitorais e bases geoeleitorais são afetadas pela variação de escalas em âmbito intramunicipal (Gonçalves, 2016). Dessa maneira, estudos como o que realizamos sobre a votação de Nikolas Ferreira em bairros do município de Belo Horizonte (Capítulo 2) podem ser afetados pelo uso de diferentes unidades geográficas, e o analista de dados deve ficar atento ao explorar esse nível de análise.

Síntese

Neste capítulo, mostramos como identificar as áreas de votação de um candidato qualquer que tenha disputado uma eleição. Vimos como as análises sobre essas áreas dependem de teorias e como essas teorias foram se sucedendo ao longo do tempo, notadamente para o caso brasileiro. Também apresentamos os códigos para a produção dos indicadores utilizados nas pesquisas sobre o Brasil. Ao final,

---

16 *Entre elas: bairros, municípios, microrregiões, regiões administrativas, distritos administrativos, locais de votação e regiões de influência de cidades.*

discutimos as dificuldades existentes e os cuidados necessários para que as inferências espaciais sejam feitas corretamente.

Para saber mais

AMES, B. A estratégia eleitoral na representação proporcional com lista aberta. **Cadernos Metrópole**, v. 14, n. 27, p. 59-87, jan./jun. 2012. Disponível em: <https://revistas.pucsp.br/index.php/metropole/article/view/14781>. Acesso em: 18 ago. 2024. Nesse artigo, publicado originalmente em inglês no *American Journal of Political Science*, em 1995, e traduzido para o periódico *Cadernos Metrópole*, em 2012, o brasilianista Barry Ames apresenta sua taxonomia de padrões de distribuição geográfica de votos nas eleições proporcionais brasileiras, baseado nas dimensões de concentração/dispersão e dominância/compartilhamento. Esse artigo (e o livro do início dos anos 2000) foi central para as discussões de geografia eleitoral no Brasil.

AVELINO, G.; BIDERMAN, C.; SILVA, G. P. da. A concentração eleitoral nas eleições paulistas: medidas e aplicações. **Dados**, v. 54, n. 1, p. 319-347, 2011. Disponível em: <https://www.scielo.br/j/dados/a/RjRDNdDPrvByznWxBsfc4dF/?lang=pt#>. Acesso em: 30 ago. 2024.

AVELINO, G.; BIDERMAN, C.; SILVA, G. P. da. A concentração eleitoral no Brasil (1994-2014). **Dados**, v. 59, n. 4, p. 1091-1125, 2016. Disponível em: <https://www.scielo.br/j/dados/a/FjxvsM9jJPfVhX58gKLrgpv/abstract/?lang=pt>. Acesso em: 30 ago. 2024.

Ainda na agenda sobre a concentração eleitoral em eleições proporcionais brasileiras, esses dois artigos de George Avelino, Ciro Biderman e Glauco Peres da Silva, publicados na revista *Dados*, enfocaram os principais avanços subsequentes no campo. Em diálogo com a proposta de Ames, os autores buscam encontrar uma melhor medida para entender a concentração eleitoral no país ao utilizar o índice G.

SOARES, G. A. D.; TERRON, S. L. Dois Lulas: a geografia eleitoral da reeleição (explorando conceitos, métodos e técnicas de análise geoespacial). **Opinião Pública**, v. 14, n. 2, p. 269-301, nov. 2008. Disponível em: <https://www.scielo.br/j/op/a/DtVyrpxMJGNMV4MfqmrjzgH/?lang=pt#>. Acesso em: 30 ago. 2024.

TERRON, S. L.; SOARES, G. A. D. As bases eleitorais de Lula e do PT: do distanciamento ao divórcio. **Opinião Pública**, v. 16, n. 2, p. 310-337, nov. 2010. Disponível em: <https://www.scielo.br/j/op/a/NTQQcGHTp8HmjkCk7tm9BRd/abstract/?lang=pt#>. Acesso em: 30 ago. 2024.

No campo das eleições presidenciais brasileiras, vale destacar esses dois trabalhos de Gláucio Ary Dillon Soares e Sonia Luiza Terron, publicados na revista *Opinião Pública*. Nesses artigos, os autores investigam as mudanças nos territórios eleitorais de Lula e do PT nas eleições pós-redemocratização, por meio da análise espacial de dados – tema a ser abordado no próximo capítulo.

GONÇALVES, R. D. **Onde agrego os votos?** Contribuições à geografia eleitoral aplicada a problemas político-eleitorais brasileiros. 109 f. Dissertação (Mestrado em Ciência Política) – Universidade Federal do Paraná, Curitiba, 2016. Disponível em: <https://acervodigital.ufpr.br/handle/1884/55225>. Acesso em: 18 ago. 2024.

Em sua dissertação de mestrado, Ricardo Dantas Gonçalves apresenta uma explicação didática sobre o problema de unidade de área modificável, além de explorar os potenciais do MAUP em testes sobre a concentração eleitoral de deputados federais eleitos no Estado do Paraná e sobre os territórios eleitorais nas eleições presidenciais de 2014.

Questões para revisão

1. As afirmativas a seguir tratam de estudos sobre a identificação de regiões de votação. Marque V para as verdadeiras e F para as falsas:
   ( ) Os trabalhos de Barry Ames se baseiam num pressuposto distributivista, isto é, de que políticos se dedicam à redistribuição de renda no país.
   ( ) Os estudos sobre concentração e dispersão de votos no Brasil se dedicam, há muitas décadas, a investigar uma "distritalização" de nosso sistema eleitoral proporcional. Apesar disso, entre outros problemas, essas evidências

convergem na revelação de que tal "distritalização" não predomina no caso brasileiro.

( ) Um dos problemas elencados em relação às medidas usadas para operacionalizar a taxonomia proposta por Barry Ames é que elas desconsideram a heterogeneidade do eleitorado pelo território.

( ) As pesquisas que consideram o fluxo informacional para o comportamento do eleitor se dedicam a entender como os atributos individuais dos candidatos se associam àqueles próximos a ele (os amigos) e às redes mobilizáveis naquela região (os vizinhos).

Agora, assinale a alternativa que apresenta a sequência obtida:

a) F, F, V, V.
b) F, V, F, V.
c) F, V, V, F.
d) V, V, V, F.
e) V, F, V, F.

2. As afirmativas a seguir dizem respeito a indicadores de concentração de votos. Assinale a(s) alternativa(s) **incorreta(s)**:

a) O índice G é calculado a partir de uma diferença entre duas proporções. A primeira considera a proporção de votos que um candidato obtém em uma cidade em relação à sua votação total no estado. Já a segunda avalia a proporção de votos de uma cidade em relação ao estado. Essa diferença é elevada ao quadrado – para que valores negativos não cancelem valores positivos – e depois somada em todo o estado, a fim de produzir uma medida para cada candidato.

Assim, cada votação obtida em uma cidade é comparada com o tamanho relativo da cidade em relação ao estado.

b) No caso de não haver nenhuma concentração em nenhum lugar, não é possível calcular o índice G.

c) O QL utiliza as mesmas proporções aplicadas pelo índice G. Porém, em vez de calcular a diferença entre essas proporções, é calculada uma nova razão entre ambas. Assim, em caso de perfeita igualdade entre as proporções, o QL resultará em valor igual a 1.

d) A principal diferença entre o QL e o HC está em suas unidades de medida. O QL não conta com uma unidade, já que é uma razão. O HC está medido na mesma unidade das partes utilizadas em seu cálculo. Em nosso caso, trata-se de votos.

e) O índice HH produz um resultado para cada uma das unidades de medida para as quais é aplicado, sejam deputados, sejam partidos etc.

3. A seguir, apresentamos o resultado de algumas análises hipotéticas. Em cada uma delas, marque V (verdadeiro) ou F (falso) para a avaliação de existência de problema de falácia ecológica, MAUP ou nenhum deles:

( ) Em análise sobre as eleições na Região Nordeste, diante da força das candidaturas de Lula, um analista deduziu que nenhum candidato que fosse contrário ao petista seria capaz de vencer eleições majoritárias em qualquer dos estados daquela região, uma vez que todo o eleitorado da região se inclina à esquerda. Avaliação: nenhum dos problemas.

( ) Ao visualizar o mapa de votação de um candidato a deputado estadual, um leitor notou que o QL indicava altos valores na principal região metropolitana do estado. Assim, ele inferiu que esse candidato gozava de prestígio entre uma fatia importante do eleitorado daquela região. Avaliação: nenhum dos problemas.

( ) Ao calcular o indicador QL para a votação de um candidato a vereador do município de São Paulo com o objetivo de estudar a associação do voto com a provisão de serviços de saúde, certo pesquisador verificou que os valores desse indicador variam com o uso dos limites dos distritos administrativos ou das áreas de Supervisão Técnica de Saúde. Ele optou, então, por usar os primeiros, pois são mais conhecidos pela população em geral. Avaliação: MAUP.

( ) Depois de analisar o índice G de candidatos a deputado federal de um estado no nível do município e microrregião, um analista não identificou diferenças relevantes nos valores desse indicador, e reportou o resultado com base nos municípios. Avaliação: falácia ecológica.

( ) Ao investigar a votação de um candidato a deputado estadual com o dado desagregado no nível do município de determinada unidade da Federação, um pesquisador inferiu que uma candidata com base eleitoral na capital teria votos homogeneamente distribuídos dentro dessa capital. Avaliação: falácia ecológica.

Agora, assinale a alternativa que apresenta a sequência obtida:

a) F, V, V, F, V.
b) V, V, V, V, F.
c) F, F, F, V, V.

d) F, F, V, F, V.
e) V, F, V, F, V.

4. Nesta atividade, trabalharemos com a votação do Deputado Federal Túlio Gadêlha (Rede Sustentabilidade-PE) nas eleições de 2022. Com base nos dados e no que foi apresentado neste capítulo, responda às questões.
   a) O que significa encontrar um QL igual a 1?
   b) O mapa a seguir mostra os valores municipais do QL dessa votação. Trabalhamos com as seguintes faixas de valores para colorir o mapa: QL < 1; 1 ≤ QL ≤ 3; 3 < QL ≤ 10; QL > 10. Como você interpreta este mapa de votação?

Mapa 3.4 – Índice QL de Túlio Gadêlha (Deputado Federal, Rede-PE)

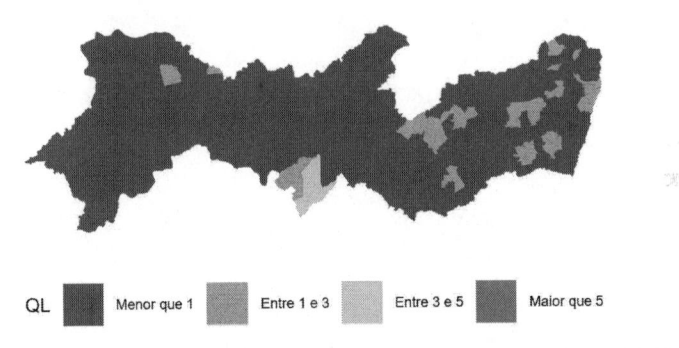

Fonte: Elaborado com base em Brasil, 2024a; IBGE, 2010b.

   c) Neste capítulo, vimos que é preciso estar atento à escala da categorização dos indicadores para que eles auxiliem na interpretação dos resultados. A seguir, apresentamos um novo mapa, com base no mesmo indicador, porém categorizado com base nas seguintes faixas: QL < 0,9; 0,9 ≤ QL ≤ 1,1; 1,1 < QL ≤ 2; 2 < QL ≤ 5; 5 < QL ≤ 10; QL > 10.

O que muda no Mapa 3.5 em relação ao Mapa 3.4? Há alguma contribuição quando se faz o mapa com essa visualização? Se sim, por quê? Discuta.

Mapa 3.5 – Índice QL de Túlio Gadelha (Deputado Federal, Rede-PE)

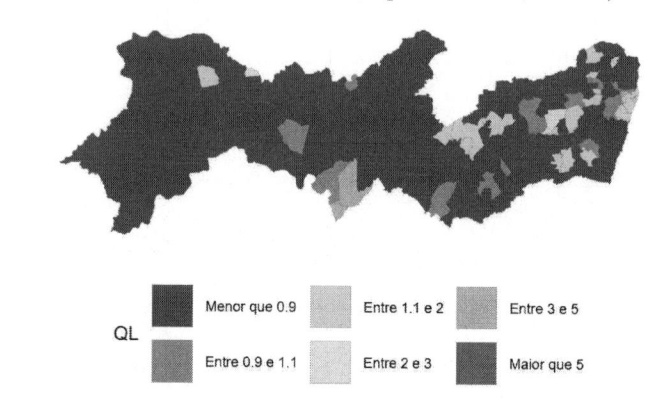

QL: Menor que 0.9; Entre 0.9 e 1.1; Entre 1.1 e 2; Entre 2 e 3; Entre 3 e 5; Maior que 5

Lucas Gelape

Fonte: Elaborado com base em Brasil, 2024a; IBGE, 2010b.

A seguir, observe algumas estatísticas descritivas referentes ao HC da votação de Túlio Gadêlha (Rede-PE) em 2022.

Tabela 3.1 – Distribuição em dez partes iguais (decis) do indicador HC para a votação de Túlio Gadêlha (PE, 2022)

0%	10%	20%	30%	40%	50%	60%	70%	80%	90%	100%
–869	–346	–259	–214	–185	–155	–131	–102	–45	104	12 145

Fonte: Elaborado com base em Brasil, 2024a.

Tabela 3.2 – Média, mediana e desvio padrão do indicador HC para a votação de Túlio Gadêlha (PE, 2022)

Mediana	Média	Desvio Padrão
–155	0	1 097

Fonte: Elaborado com base em Brasil, 2024a.

d) Com base no que vimos neste capítulo, responda: Qual é o valor de referência do HC? E, com base nos resultados apresentados nas Tabelas 3.1 e 3.2, quais seriam, então, as faixas de valores que ajudariam o leitor a interpretar melhor os resultados?

5. Ao longo deste capítulo, apresentamos diversos indicadores e discutimos suas especificidades. Vamos considerar que estamos lidando com votos por deputado em cada cidade de um estado. Nossa preocupação está em interpretar as unidades de medida em que cada um desses índices está expresso. Considere, então, as afirmações a seguir e marque V para as verdadeiras e F para as falsas:

( ) O índice G produz um resultado sem unidade de medida.
( ) O índice HC produz um resultado medido em votos.
( ) O índice G tem unidade de medida diferente da usada no índice QL.
( ) O índice HH tem unidade de medida diferente da usada no índice QL.

Agora, assinale a alternativa que apresenta a sequência obtida:

a) V, V, F, F.

b) V, F, V, F.
c) F, V, F, V.
d) F, F, V, V.
e) F, F, F, V.

Questões para reflexão

1. Escolha algum estado brasileiro para o qual você vai calcular o índice G para alguns candidatos a deputado estadual de seu interesse. Com esse índice, você vai avaliar se a votação dos candidatos tende à concentração ou à dispersão. Você consegue calcular esse indicador se filtrar somente esses candidatos de interesse? Por quê? Depois de calcular o índice G baseado nos municípios, sua análise estará finalizada? Quais cuidados em relação à produção de inferências você ainda deveria adotar?

2. Avelino, Biderman e Silva (2016) mostram que candidatos eleitos têm votações mais dispersas do que aqueles não eleitos (isto é, com valores menores do índice G). Como você explicaria esse resultado?

Capítulo 4
Associação entre voto
e outras variáveis

Conteúdos do capítulo:

- Associação espacial do voto com outras variáveis.
- Como definir a vizinhança de uma região.
- Autocorrelação espacial.
- Breve apresentação de regressão espacial.

Após o estudo deste capítulo, você será capaz de:

1. identificar variáveis associadas espacialmente com o voto;
2. eleger critérios para definir a vizinhança;
3. entender a definição e os índices de autocorrelação espacial;
4. entender as características fundamentais de um modelo de regressão espacial.

Este capítulo tem como objetivo discutir a dimensão empírica das teorias que explicam o voto. Por ser um fenômeno complexo, o ato de votar mobilizou diferentes justificativas teóricas ao longo do tempo. Essas teorias são desdobramentos diretos das perspectivas exploradas no capítulo anterior. Aqui, analisaremos como pensa e age o eleitor típico de cada uma dessas abordagens. A aplicação de cada uma dessas teorias envolve construir distintas variáveis empíricas com o intuito de estudar por que os votos são atribuídos como observamos. Assim, a discussão empírica está intimamente associada à teoria utilizada.

Na primeira seção, apresentaremos as principais referências teóricas sobre o voto para, na sequência, realizar a discussão sobre os desafios empíricos. Esses desafios estão alicerçados em uma das mais importantes teorias utilizadas, a do voto racional, que servirá de referência para o restante do capítulo. Nas seções seguintes, discutiremos questões práticas e centrais da pesquisa: inicialmente, abordaremos as dificuldades em se estabelecer a noção de vizinhança, tão fundamental para as análises espaciais; em seguida, a autocorrelação espacial e, depois, noções introdutórias sobre regressão espacial.

(4.1)
RELAÇÕES ENTRE VOTOS E OUTRAS VARIÁVEIS NO ESPAÇO

No capítulo anterior, mencionamos brevemente aspectos teóricos que se relacionam com a decisão do voto. A compreensão teórica a respeito das motivações dos cidadãos na escolha do voto variou ao longo do tempo e resultou, em cada momento, em um modelo de eleitor diferente. Isso, consequentemente, influenciou na consideração de medidas distintas nas análises implementadas. Vamos percorrer brevemente essas explicações, para que fiquem claros os motivos do uso de certas variáveis na associação com o voto[1].

Historicamente, a decisão do voto foi explicada a partir de distintas perspectivas teóricas. Uma das primeiras explicações ficou conhecida como análise **sociológica** do voto, em que as condições sociais imediatas formam o contexto no qual a política acontece. Sob essa perspectiva, uma pessoa escolheria um candidato a partir de sua posição social, pois são os coletivos sociais que dinamizam a vida política de um país.

Esse modelo parte de uma interação entre indivíduos, que leva à formação de opiniões e, consequentemente, ao comportamento político. Características como ocupação, classe e gênero serviriam como variáveis indicativas das causas para o voto de um indivíduo. Reduzir a explicação do comportamento político a características individuais seria insuficiente, já que a ação de uma pessoa depende das escolhas e do comportamento das demais e, assim, o foco da análise deveria deslocar-se para a interação social. Como explica Figueiredo (2008, p. 49) a respeito dessa teoria, "o somatório de micromotivos não explica os macrocomportamentos". Características de indivíduos socialmente mais bem organizados em grupos acabam por justificar o comportamento. Como exemplo, entendia-se que partidos trabalhistas receberiam os votos de eleitores associados a categorias sindicais ou à classe operária.

Uma segunda linha de investigação sobre o tema adotava uma abordagem **psicológica** como explicação para o voto. É a chamada *Escola de Michigan*. A decisão do eleitor passaria fundamentalmente pela forma como ele era introduzido ao mundo político. As atitudes políticas compõem o sistema político a partir da formação da

---

1 Para uma discussão mais detalhada a respeito desse tema, veja Figueiredo (2008).

personalidade dos indivíduos. Elas se formam pelo entendimento da vida social e política, adquirida por meio da socialização. É necessário, então, considerar como as pessoas compreendem a própria existência social. As atitudes fazem, assim, parte da psicologia humana, sendo a base para a elaboração de opiniões que vão justificar o voto. Esse processo indicaria uma eleitora mais à esquerda ou à direita em suas preferências políticas mais gerais e, consequentemente, em sua decisão eleitoral. Nesse contexto, indivíduos semelhantes socialmente e em relação a atitudes também se comportam politicamente de maneira semelhante, a despeito do contexto histórico. Nessa perspectiva, categorias que se referem a agregados de indivíduos, como as categorias sociais de classe social, raça etc., inclusive a referência a moradores de determinadas regiões, não têm influência decisiva no comportamento dos membros de cada grupo. Essas características sociais são meros descritivos simplificados de uma dimensão da vida privada em que essas pessoas interagem.

A terceira abordagem é conhecida como a perspectiva **racional** do voto. Cada eleitor tem uma estrutura de preferências por políticas públicas e, diante das proposições feitas pelos candidatos em um pleito específico, vota naquele que apresenta uma proposta mais próxima àquela que considera ideal. A racionalidade se vincula à capacidade de ordenar as alternativas presentes segundo uma ordem de preferências e de decidir pela preferida, considerando os benefícios e os custos envolvidos[2]. Dessa forma, a abordagem racional assume que cada indivíduo é capaz de atribuir uma ordem às alternativas

---

2   Quando falamos em custos, referimo-nos aos custos de oportunidade, que incorporam não só os custos diretos associados a cada alternativa como também aqueles relacionados à circunstância de não se desfrutar dos demais benefícios ao se optar por qualquer uma das alternativas. Assim, na escolha pela alternativa A, um custo a ser considerado é o fato de renunciar a B, por exemplo.

disponíveis, reconhecendo vantagens e desvantagens. Uma cidadã seria capaz de dizer que prefere a política pública A à política pública B, mas que é indiferente às políticas C e D, por exemplo. Diante das candidatas em uma eleição específica, o eleitor realizaria esse processo, ainda que não de forma consciente, e optaria pela candidata pela qual tem maior preferência.

Essas abordagens ainda coexistem e de algum modo se misturam em diferentes pesquisas. Porém, a perspectiva racional ganhou bastante espaço e é amplamente utilizada. Ainda assim, seu uso foi sendo sofisticado ao longo do tempo, incorporando novas possibilidades explicativas. Nesse sentido, as pesquisas caminharam para buscar entender por que uma eleitora tem determinada estrutura de preferências e, assim, decide votar de certa maneira. As explorações nessa direção são bastante variadas. Privilegiamos, aqui, a parcela da literatura que ressalta a dimensão espacial de forma mais direta.

Um primeiro conjunto de pesquisas procurou trabalhar com a **relação entre a identidade eleitoral das pessoas e seu local de residência**: indivíduos escolheriam viver em regiões nas quais seus vizinhos compartilham uma percepção política similar (Dahlgaard et al., 2022). Essa explicação justificaria a existência de grandes áreas em que determinado partido obtém apoio massivo, como nos Estados Unidos, onde existem bases eleitorais geograficamente bem definidas para cada um dos dois principais partidos.

Outras pesquisas se baseiam na **dimensão informacional** da decisão do voto (Lau; Redlawsk, 2006). Nessa situação, essa decisão depende das informações obtidas pelos indivíduos, sendo que cada pessoa está sujeita a um conjunto de notícias associadas a aspectos contextuais de sua vida cotidiana. Cabem aqui considerações sobre os locais de residência e de trabalho ou estudo, os tipos de modos utilizados para o deslocamento diário, o tipo de trabalho etc. (Agnew,

1996; Evans et al., 2017). Assim, a perspectiva geográfica se torna um componente intrínseco para a decisão do voto.

Um desdobramento dessas constatações é a inclusão analítica das diferentes estratégias eleitorais que os candidatos utilizam em suas campanhas. Por essa perspectiva, as campanhas funcionam como um processo de disseminação de informação: são um conjunto de ações que cada candidata toma com o intuito de espalhar notícias a respeito de sua plataforma, de seus valores, de suas bandeiras. Dessa maneira, pode-se, por exemplo, avaliar a eficiência de cada estratégia de campanha em termos relativos ao número de votos recebidos, e esse resultado dependerá das condições geográficas presentes nos locais de campanha e, também, das características pessoais dos candidatos envolvidos. A constatação de que as eleições ocorrem em uma dimensão espacial cria inúmeras possibilidades de análise e, logo, de compreensão de como as eleições funcionam.

Vale, por fim, mencionar brevemente que uma área de pesquisa denominada **comportamento eleitoral** mobiliza elementos teóricos mais próximos daqueles indicados pelas abordagens sociológica e psicológica. Nesse campo, há menos destaque para a discussão espacial nas análises. Ainda assim, ele oferece importantes subsídios para a compreensão do processo de decisão do voto.

(4.2)
Noções gerais

Como essas teorias podem ser testadas empiricamente? Uma das formas de fazê-lo é por meio de métodos conhecidos como *análise espacial*, uma vez que eles consideram como as unidades geográficas se relacionam espacialmente. Ou seja, não basta que as análises sejam feitas a partir de dados espaciais (como foi feito até este momento em nosso livro); é preciso que o espaço seja levado em conta para a estimação de modelos. Assim, **análise espacial de dados** e **análise de dados espaciais** não são expressões necessariamente sinônimas. Por mais que as duas expressões pareçam um jogo de palavras, por trás da adoção de cada uma delas está a concepção da análise a ser aplicada.

Na prática, o que significa considerar como as unidades se relacionam espacialmente? Segundo a primeira lei da geografia, "todas as coisas estão relacionadas com as demais, porém aquelas próximas estarão mais relacionadas entre si do que em relação àquelas que estão distantes" (Tobler, 1970, p. 236, tradução nossa). Desse modo, devemos esperar que unidades mais próximas tenham maior influência umas sobre as outras e, portanto, isso implica considerar como as unidades em estudo (indivíduos, locais de votação, municípios ou outras) estão conectadas entre si, como veremos na próxima seção. Em resumo, significa definir quais unidades são vizinhas umas das outras.

A definição de **vizinhança** envolve a organização de uma matriz de pesos espaciais que descreve como uma unidade se relaciona com a outra, indicando essas relações espaciais. Existem diferentes critérios para definir essas conexões, que podem se basear em contiguidade ou distância. Essa matriz será adotada na modelagem de relações espaciais ao estabelecer quais unidades estão conectadas.

A primeira exploração a ser feita por meio da análise espacial é a de **autocorrelação espacial**. Trata-se de técnicas que testam a existência de uma associação entre o valor de uma variável em determinada unidade e essa (ou outra) variável em seus vizinhos. Dessa forma, observa-se se essa variável em uma área está positiva ou negativamente associada com aquelas às quais está conectada. Isso permite verificar se as observações em questão se distribuem de maneira independente do espaço ou se elas se conectam espacialmente. Veremos que a análise da autocorrelação espacial pode ser de duas espécies: **global**, quando se avalia a autocorrelação entre todas as observações no conjunto de dados; ou **local**, quando se investigam cada observação e seus vizinhos.

Por fim, o analista pode aprofundar essas questões por meio de **regressões espaciais**, que são técnicas estatísticas para analisar a associação de variáveis explicativas sobre alguma variável resposta. Para além da inclusão da noção de vizinhança, a principal diferença para modelos de regressão multivariados "não espaciais" é compreender se a conexão se dá entre as variáveis do modelo (que leva ao emprego de modelos de variáveis defasadas espacialmente) ou se ela está nos resíduos (com a consequente adoção de modelos de erros espaciais).

Nesta seção, apresentamos uma breve introdução sobre como investigar a associação entre outras variáveis e o voto pelo espaço. Quando buscamos realizar uma **análise espacial de dados**, o espaço deve ser levado em consideração. Assim, não tratamos nossas observações como independentes entre si, pois elas podem estar conectadas espacialmente. Essas conexões são traduzidas por meio de matrizes de pesos espaciais, que são incluídas na análise de autocorrelação ou de regressões espaciais. As próximas seções deste capítulo se destinam a aprofundar esses tópicos.

(4.3)
COMO DEFINIR UMA VIZINHANÇA?

Um elemento central para a análise da dependência espacial é a **vizinhança**, pois é com base nesse conceito que os pesquisadores vão operacionalizar a influência do espaço nos fenômenos de interesse. Originalmente, isso implicava determinar a distância entre as unidades de observação e organizá-las considerando-se a noção de fronteira. Aquelas que compartilhassem fronteiras ou fossem espacialmente mais próximas seriam vizinhas, e cada uma delas se influenciaria mutuamente.

Na prática, a determinação dessa conectividade entre as unidades é feita por meio de uma **matriz de pesos espaciais**[3], usualmente indicada pela letra **W**. Nessa matriz, linhas e colunas representam como cada observação se relaciona com todas as demais em um conjunto de dados, com base na classificação de vizinhança. Essa classificação pode ser simétrica – a região A é vizinha da B e vice-versa – ou assimétrica – a região A é próxima da B, mas a B não é tão próxima da A. Apesar de não ser intuitivo, isso ficará mais claro com a apresentação da ideia de conectividade na sequência. Dessa forma, cada unidade está associada a um valor, definido pela forma e extensão da dependência espacial entre vizinhos, ou seja, depende da relação com cada uma das outras unidades.

A definição de quais observações são vizinhas deve se basear em razões teóricas: Se o fenômeno estudado se difunde pelo espaço, qual é o alcance dessa difusão? Ou, então, se ele se baseia na "clusterização" de comportamentos semelhantes, quais unidades próximas apresentam essa semelhança? (Darmofal, 2015).

A noção de vizinhança espacial se expandiu ainda para a ideia de conectividade mútua: as unidades se influenciam simultaneamente, afetando as mais próximas com mais força (Neumayer; Plümper, 2016). Um exemplo nesse sentido é considerar o fluxo de comércio internacional. Apesar da distância geográfica, um país pode ser

---

3 *Neumayer e Plümper (2016, p. 175, tradução nossa) destacam que preferem chamá-la de "matriz de conectividade, um termo que esclarece que a W 'mede', ou ao menos deveria medir, as conexões entre as fontes e os receptores dos estímulos espaciais".*

tomado como conectado (vizinho) de algum outro, a depender da importância relativa das trocas comerciais entre eles. Por exemplo, Argentina, Estados Unidos da América (EUA) e China seriam próximos ao Brasil, já que estão entre nossos principais parceiros comerciais. Mas, para os EUA, o Brasil não é tão próximo, visto que não representa uma porcentagem elevada das trocas comerciais daquele país. Esse é um caso em que a associação assimétrica é possível: para o Brasil, os EUA estão mais próximos; já para os EUA, o Brasil não está tão perto. Assim, podemos usar vários critérios para traduzir essa discussão teórica em matrizes de pesos espaciais.

A seguir, abordaremos alguns critérios mais próximos da distância física propriamente dita. Mas tenha em mente que, assim como o exemplo anterior indica, há outras formas de se pensar a conectividade entre as unidades de análise e que a matriz de distâncias pode capturar esses vínculos, mesmo que eles não sejam medidos em termos de distância física. Com essas informações, você será capaz de compreender os critérios de vizinhança reportado por cientistas sociais em suas análises, pois a boa prática recomenda que eles sempre informem os critérios adotados na construção das matrizes empregadas nos trabalhos.

O critério mais comum nas ciências sociais para a construção da matriz de distâncias é o de **contiguidade**. Sua ideia é bastante intuitiva: considerando-se dados em formato de área, são entendidas como vizinhas aquelas áreas contíguas a ela. Existem três possibilidades de definição dessa proximidade, cujos nomes se baseiam no movimento de peças de xadrez. Nas matrizes com definição de rainha (*queen*[4]),

---

4 Como é razoavelmente comum que trabalhos científicos (mesmo em português) e softwares considerem esses critérios em sua grafia em língua inglesa, apresentamos esses nomes aqui, para que eles sejam familiares ao leitor.

todas as áreas de fronteira são vizinhas, uma vez que a rainha pode se mover em todas as direções do tabuleiro. Ainda existem as matrizes bispo (*bishop*), em que são consideradas somente as áreas em diagonal, e torre (*rook*), em que são tomados como vizinhos apenas aqueles que estão imediatamente na vertical ou na horizontal.

Como se pode imaginar, levando-se em conta que as áreas com as quais normalmente se trabalha nas ciências sociais são altamente irregulares (como os limites de cidades, estados ou países), os critérios bispo (*bishop*) e torre (*rook*) não são diretamente aplicáveis a essas superfícies, sendo mais comum o emprego do critério rainha (*queen*). Além disso, é difícil pensar em justificativas teóricas que possam basear o uso de matrizes bispo ou torre para análises de fenômenos políticos ou sociais[5]. Afinal, em quais fenômenos sociais o espaço somente influenciaria na diagonal, por exemplo?

Um passo seguinte é considerar o critério de **vizinhos mais próximos** (*k-nearest neighbors*). Esse critério assume que a distância não precisa ser medida em distância euclidiana[6]. Ao utilizá-lo, o analista de dados define todas as *k* observações (sendo *k* um número de vizinhos) mais próximas como vizinhos e todas as demais como não vizinhos. Essa decisão deve se justificar em motivação teórica, a qual poderia ser, por exemplo, o limite de interações que um ser humano consegue ter em determinado espaço, como em conversas sobre política com um número fixo de vizinhos (Darmofal, 2015).

Os últimos critérios a serem considerados são os que utilizam alguma **distância euclidiana**: definições que adotam uma distância

---

5   Em revisão sobre os critérios utilizados em matrizes de vizinhança na geografia eleitoral brasileira, Gonçalves (2021) registra somente um trabalho que aplica o critério de contiguidade bispo ou torre. Trata-se do trabalho de Nascimento (2017), que emprega matrizes rainha e torre, porém não apresenta uma justificativa teórica para isso.
6   Uma distância entre dois pontos, traduzível em metros.

fixa qualquer, como, por exemplo, 1.000 m, na qual todos os pontos dentro desse raio seriam classificados como vizinhos, e os demais, como não vizinhos; ou aqueles em que a distância será ponderada de acordo com a proximidade, definindo-se que vizinhos mais próximos seriam mais afetados em relação àqueles mais distantes – abrindo a possibilidade relacionada à ideia de conectividade mencionada anteriormente. Para a operacionalização desses critérios, devem ser considerados dois pontos importantes: 1) o ponto de referência a partir do qual a distância será medida – diversas opções existem nesse sentido, como os centroides ou os centros populacionais; 2) a distância a ser empregada na definição de vizinhanças (Darmofal, 2015). As respostas a esses dois pontos estão nas teorias que fundamentam o trabalho e que, portanto, devem ser mobilizadas.

As células dessa matriz serão preenchidas segundo o atendimento ou não do critério de vizinhança. Em sua forma mais simples, a matriz de vizinhos é composta por 0's e 1's, com o valor 1 indicando se as unidades são vizinhas, no que é chamado de *matriz binária*. Comumente, padroniza-se essa matriz, de forma que a soma dos valores das células de uma linha seja igual a 1. Essa é a chamada *matriz de linhas padronizadas* (*row-standardized*, em inglês). Assim, as células referentes à vizinhança em uma linha que apresenta dois vizinhos serão preenchidas com o valor 0,5 para cada vizinho. Uma outra unidade que tem 10 vizinhos será preenchida com valores 0,1. Esse procedimento é feito com o intuito de ponderar a importância relativa de cada vizinho.

Por fim, vale ressaltar que todas as matrizes discutidas até este momento são conhecidas como *matrizes de primeira ordem*. Isso implica dizer que são considerados como vizinhos somente aqueles que atendem imediatamente ao critério estabelecido. Porém, os pesquisadores podem considerar vizinhanças de ordens superiores, como as de segunda ordem, de terceira ordem etc., por motivos teóricos ou empíricos. Para o caso de vizinhanças de segunda ordem, são tidos como vizinhos aqueles imediatos (a primeira ordem), assim como todos os vizinhos imediatos de cada vizinho (a segunda ordem). A construção de uma matriz de pesos espaciais pode ser vista na Figura 4.1. À esquerda, temos uma área subdividida em 16 quadrados, nomeados pela combinação de A a D e 1 a 4. Se adotarmos um critério de vizinhança segundo a contiguidade, *queen*, de primeira ordem, a matriz binária resultante será aquela que se encontra ao lado da área em questão. Vemos, por exemplo, que a unidade A1 é vizinha das unidades A2, B1 e B2. Já a unidade C1 é vizinha das unidades B1, B2, C2, D1 e D2.

Figura 4.1 – Exemplo de matriz de pesos espaciais

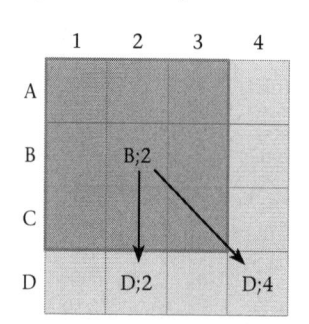

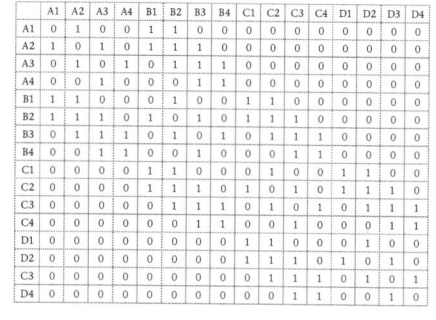

	A1	A2	A3	A4	B1	B2	B3	B4	C1	C2	C3	C4	D1	D2	D3	D4
A1	0	1	0	0	1	1	0	0	0	0	0	0	0	0	0	0
A2	1	0	1	0	1	1	1	0	0	0	0	0	0	0	0	0
A3	0	1	0	1	0	1	1	1	0	0	0	0	0	0	0	0
A4	0	0	1	0	0	0	1	1	0	0	0	0	0	0	0	0
B1	1	1	0	0	0	1	0	0	1	1	0	0	0	0	0	0
B2	1	1	1	0	1	0	1	0	1	1	1	0	0	0	0	0
B3	0	1	1	1	0	1	0	1	0	1	1	1	0	0	0	0
B4	0	0	1	1	0	0	1	0	0	0	1	1	0	0	0	0
C1	0	0	0	0	1	1	0	0	0	1	0	0	1	1	0	0
C2	0	0	0	0	1	1	1	0	1	0	1	0	1	1	1	0
C3	0	0	0	0	0	1	1	1	0	1	0	1	0	1	1	1
C4	0	0	0	0	0	0	1	1	0	0	1	0	0	0	1	1
D1	0	0	0	0	0	0	0	0	1	1	0	0	0	1	0	0
D2	0	0	0	0	0	0	0	0	1	1	1	0	1	0	1	0
C3	0	0	0	0	0	0	0	0	0	1	1	1	0	1	0	1
D4	0	0	0	0	0	0	0	0	0	0	1	1	0	0	1	0

Fonte: Di Salvatore; Ruggeri, 2021, p. 203-204.

Uma vez estabelecida a matriz de vizinhança W com base em um critério de distância física ou de conectividade de outra ordem, deve-se avaliar se as unidades apresentam valores que estejam associados espacialmente, seja na variável de interesse, seja entre ela e outras variáveis. Diz-se que será feita uma análise espacial das variáveis. Nas próximas seções, veremos algumas formas de avaliar essas relações.

(4.4)
Autocorrelação espacial

As técnicas de autocorrelação espacial permitem identificar a associação entre variáveis acrescidas de um componente espacial, como a distância ou a conectividade entre as unidades de observação. Esses testes buscam verificar se dados agregados em área apresentam algum tipo de **dependência espacial**, ou seja, avaliam em que medida os valores para uma variável em determinada área estão relacionados espacialmente com os seus **vizinhos**. Os testes se dividem em duas espécies:

1. **autocorrelação espacial global**, na qual o analista verifica se/quanto o conjunto de dados, como um todo, apresenta dependência espacial;
2. **autocorrelação espacial local**, que mede quanto cada observação (cada área) está autocorrelacionada com os seus vizinhos na(s) variável(is) de interesse.

Basicamente, ambos os testes consistem em um teste de hipóteses: o analista verifica se os resultados da estatística calculada permitem rejeitar a hipótese nula (H_0) de inexistência de autocorrelação espacial. Isto é, caso a hipótese nula seja rejeitada, a evidência não rejeita a possibilidade de que haja dependência espacial nos dados considerados.

Em nossa exposição, lidamos com exemplos que avaliam a autocorrelação espacial de uma única variável pelo espaço. Contudo, esses mesmos indicadores (globais e locais) podem ser utilizados para investigar a relação entre duas variáveis no espaço.

4.4.1 Autocorrelação espacial global

Nos estudos sobre geografia eleitoral no contexto brasileiro, o teste de autocorrelação espacial mais utilizado é o **I de Moran**[7]. Esse teste foi empregado, por exemplo, nos trabalhos amplamente citados de Ames (2003), que explora a espacialização de votos para deputado federal no Brasil, ou de Soares e Terron (2008), que investigam as bases eleitorais de Lula e do Partido dos Trabalhadores (PT).

A estrutura do I de Moran se assemelha a um teste de correlação e, assim, gera uma interpretação intuitiva. Ele é calculado por meio da fórmula a seguir (Darmofal, 2015).

Equação 4.1

$$I = \frac{n}{s} \frac{\sum_i \sum_j w_{ij} (y_i - \bar{y})(y_j - \bar{y})}{\sum_i (y_i - \bar{y})^2}$$

Nessa fórmula, *n* é o número de observações, *s* é a soma dos pesos espaciais, w_{ij} é o elemento que corresponde à célula *ij* da matriz de vizinhança, y_i e y_j são os valores da variável *y* nas unidades espaciais *i* e *j*, e $\bar{y}$ é a média de *y*. Não se assuste com a fórmula, pois a aplicação dela com o *R* não é complexa. O mais importante é compreender que se trata de um teste que avalia desvios em relação à média de uma variável[8].

A interpretação do I de Moran é semelhante à de um índice de correlação tradicional. Sua hipótese nula é igual a –1/n–1, ou seja, em

---

[7] Nesse caso, I é o nome dado à estatística resultante desse teste. Em outras áreas, um outro teste, o C de Geary, também é utilizado com grande frequência. Para mais informações sobre esse teste, sugerimos a leitura de Gelape (2021), para uma abordagem introdutória, ou Darmofal (2015), para um estudo mais aprofundado.

[8] O C de Geary, citado na nota anterior, avalia desvios no que diz respeito à diferença em relação ao valor dessa variável nos vizinhos (Darmofal, 2015).

amostras grandes, esse valor tende a zero. Os resultados da estatística desse teste também variam entre valores próximos a –1 ou +1[9] para matrizes normalizadas. Resultados positivos do I de Moran indicam que a variável de interesse está associada positivamente com os seus vizinhos. Já valores negativos do índice sugerem que as observações estão circundadas por valores não semelhantes, ou seja, áreas com valores altos envoltas por outras com valores baixos e vice-versa (Terron; Ribeiro; Lucas, 2012).

Em estudos de geografia eleitoral brasileira, Barry Ames (2003) foi pioneiro na adoção da estatística espacial (Gonçalves, 2021). Como vimos no Capítulo 3, ao investigar os padrões de distribuição geográfica de votos entre deputados federais brasileiros, Ames identifica a existência de uma **dimensão horizontal** dessa distribuição, em que o analista de dados observa como os votos se concentram/dispersam em um distrito eleitoral[10]. Para tanto, ele emprega o I de Moran, ainda que não especifique a matriz de pesos espaciais utilizada (Gonçalves, 2021) nem esclareça os critérios adotados para classificar a votação de deputados como concentrada ou dispersa (Gelape, 2017).

Em meio aos debates sobre o possível realinhamento eleitoral ocorrido no Brasil, caracterizado, entre outros aspectos, por um deslocamento das bases eleitorais de Lula e do PT para o nordeste do país (Singer, 2012; Rennó; Silva, 2014; Simoni Júnior, 2017), destaca-se, pelo uso da análise espacial de dados, o trabalho de Soares e Terron (2008). O objetivo principal desses autores é investigar a hipótese do efeito das políticas públicas conduzidas pelo primeiro governo Lula,

---

9 "Em vez disso, os limites [dessa estatística] são uma função dos dados e serão geralmente mais estreitos do que +1/–1" (Darmofal, 2015, p. 49, tradução nossa).

10 Convém ressaltar que, mais recentemente, Arbia, Espa e Giuliani (2015) apontam a inadequação do uso de indicadores globais para avaliar a concentração de um fenômeno no espaço por meio de dados de área.

em especial do programa Bolsa Família, sobre o resultado eleitoral em 2006. Em sua exploração inicial dos padrões de votação de Lula, os autores utilizam o I de Moran para avaliar a autocorrelação espacial da votação percentual de Lula em cada município brasileiro nos dois turnos das eleições de 2002 e 2006. Soares e Terron (2008) identificam que essa autocorrelação é mais forte nas eleições de 2006 (em torno de +0,8) do que nas eleições de 2002 (entre +0,5 e +0,6), sugerindo uma maior existência de agrupamentos de unidades com valores semelhantes dessa variável na eleição mais recente[11].

Em um trabalho subsequente sobre o assunto, Terron e Soares (2010) abordam o "descolamento" dos territórios eleitorais das listas de candidatos a deputado federal pelo PT e de Lula ao longo dos anos. Inicialmente, esses autores mostram como os valores do I de Moran para a votação percentual de Lula e das listas do PT eram relativamente próximos entre 1994 e 2002, com alguma estabilidade dos valores dessa estatística-teste. Em 2006, contudo, há um forte aumento no valor I de Moran para a votação de Lula e uma forte redução para as listas petistas[12].

Gonçalves (2021) lista os demais trabalhos que também empregaram o I de Moran em suas análises: Terron (2009), Terron e Soares (2010), Marzagão (2013), Rodrigues-Silveira (2013b), Gonçalves (2016), Nascimento (2017) e Faganello (2017). A essa relação também podemos adicionar os trabalhos de Terron, Ribeiro e Lucas (2012), Rodrigues-Silveira (2015) e Faganello, Simoni Júnior e Catelano (2022). Alguns deles ainda serão analisados neste capítulo.

---

11   Ainda nesse trabalho, os autores observam a forte autocorrelação espacial do indicador da participação do Bolsa Família na renda das famílias nos municípios (Soares; Terron, 2008).

12   Segundo Terron e Soares (2010), os resultados para as votações percentuais municipais de Lula foram de 0,60 (1994), 0,73 (1998), 0,60 (2002) e 0,81 (2006). Para as listas petistas, foram de 0,52 (1994), 0,55 (1998), 0,56 (2002) e 0,34 (2006).

Para ilustrar a aplicação do I de Moran a um caso concreto, retornaremos à investigação de Soares e Terron (2008) a fim de analisar a permanência dessa forte autocorrelação espacial na votação de Lula em 2022. Em primeiro lugar, devemos preparar o banco de dados a ser utilizado: importamos um objeto com a votação percentual de Lula (em votos válidos) no primeiro turno das eleições presidenciais de 2022, adicionamos o código do município do Instituto Brasileiro de Geografia e Estatística (IBGE) para realizar uma união não espacial a um objeto espacial com os limites de municípios brasileiros (obtido com o pacote *geobr*) e fazemos alguns ajustes para evitar problemas no teste.

```
# Pacotes
library(dplyr)
library(readr)
library(sf)
library(spdep)
library(ggplot2)

# Importa a votação de Lula/2022
lula2022 <- readRDS("dados/lula2022.rds")

# Importa a tabela auxiliar de códigos
ids_ibge <- read_csv(
    "https://raw.githubusercontent.com/GV-CEPESP/cepespdata/
refs/heads/main/tabelas_auxiliares/dados/codigo_
municipio_ibge_tse.csv",
    col_types = c("cccccccccccc")) |>
    select(UF, COD_MUN_TSE, COD_MUN_IBGE) |>
    distinct()

# Passamos o código do IBGE ao objeto com votos de Lula/22
lula2022 <- lula2022 |>
    left_join(ids_ibge,
    by = c("CD_MUNICIPIO" = "COD_MUN_TSE", "SG_UF" =
"UF")) |>
    # Elimina dados de urnas no exterior
    filter(!SG_UF == "ZZ")

# Importa um objeto espacial com municípios brasileiros
municipios_br <- geobr::read_municipality(simplified = T) |>
    mutate(code_muni = as.character(code_muni))
```

```
# Corrige as geometrias de municipios_br para evitar
erros
municipios_br <- st_make_valid(municipios_br)

# Acrescenta essas informações a um objeto espacial
municipios_lula <- municipios_br |>
    mutate(code_muni = as.character(code_muni)) |>
    left_join(lula2022, by = c("code_muni" = "COD_MUN_
    IBGE")) |>
    filter(!is.na(PERCENTUAL)) |>
    # Remove Fernando de Noronha e Ilhabela. Esses
    # municipios são ilhas, não têm vizinhos contíguos
    filter(!code_muni %in% c("2605459", "3520400"))
```

O próximo passo é criar a matriz de pesos espaciais, cujos aspectos teóricos foram explicados na Seção 4.3. Isso é feito em duas etapas, com as funções *poly2nb* e *nb2listw*, do pacote *spdep*. Em seguida, podemos calcular a estatística-teste por meio da função *moran.test*[13].

```
# Cria a lista/matriz de vizinhos
w_pais <- poly2nb(
    municipios_lula,
    row.names = municipios_lula$code_muni)

# Preenche a lista/matriz
ww_pais <- nb2listw(
    w_pais,
    # Define que faremos uma padronizada na linha
    style = 'W')

# Fazemos o teste com a função moran.test, do pacote spdep
moran_lula22 <- moran.test(municipios_lula$PERCENTUAL,
ww_pais)
```

O resultado encontrado é de +0,88, revelando uma forte associação entre unidades e seus vizinhos no percentual de votos válidos

---

13 A função moran.mc *permite realizar cálculo semelhante, porém fazendo simulações de Monte Carlo (cujo número é dado pelo argumento* nsim) *para avaliar sua significância estatística. Em nosso caso, o uso de quaisquer dessas funções não afeta o resultado substantivo encontrado.*

para o candidato petista, numa associação ainda mais forte do que aquela encontrada em 2006 por Soares e Terron (2008). Também podemos observar esse resultado graficamente por meio da função *moran.plot*, reproduzido na Figura 4.2. Nela, vemos claramente como a variável em determinada unidade (eixo *x*) está positivamente associada às unidades conectadas (eixo *y*). A posição dessas unidades está relacionada aos indicadores locais de autocorrelação espacial, objeto da próxima seção.

```
# Observar esse teste graficamente
moran.plot(municipios_lula$PERCENTUAL, ww_pais,
    # Cria labels para municípios com muita influência
    labels = F,
    xlab = "Votos em Lula/2022 (%)",
    ylab = "Votos em Lula/2022 (%) - defasado
    espacialmente")
```

Figura 4.2 – Gráfico do I de Moran, gerado pela função *moran.plot*, da votação de Lula (1º turno de 2022)

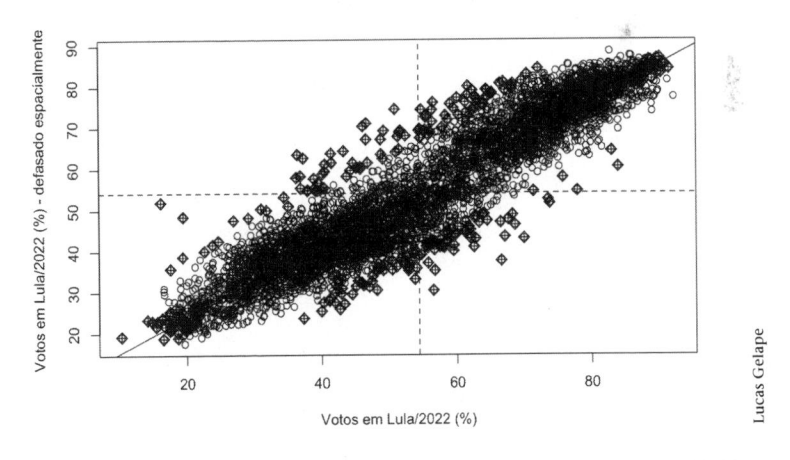

Fonte: Elaborado com base em Brasil, 2024a; IBGE, 2010b.

4.4.2 Autocorrelação espacial local

Os índices de autocorrelação global não são a única forma de avaliar a existência de correlação espacial. Apesar de oferecerem medidas a respeito da dependência espacial de determinado conjunto de dados, eles não possibilitam avaliar como áreas específicas estão relacionadas com seus vizinhos. A estatística-teste dos indicadores globais apresenta uma informação para os dados em conjunto.

Para superar essa dificuldade, existem os chamados *indicadores locais de associação espacial* (conhecidos pela sigla em inglês LISA – *Local Indicators of Spatial Association*). Os LISA indicam a "clusterização" espacial de valores em torno de uma unidade geográfica e são proporcionais ao indicador global (Anselin, 1995). Desse modo, eles são úteis para decompor o resultado do indicador global, encontrando observações que se adéquam ao padrão global ou se desviam dele, bem como identificando aqueles valores desviantes (*outliers*) – isto é, aqueles que fogem bastante ao observado naquele conjunto de dados – que podem afetar fortemente o resultado global (Darmofal, 2015). Assim como para o indicador global, podemos calcular os LISA por meio do I de Moran[14], que nesse caso também é chamado de *Moran local*. Sua fórmula, baseada nas mesmas notações expostas anteriormente, é apresentada a seguir (Darmofal, 2015).

Equação 4.2

$$I_i = \frac{\sum_i w_{ij} (y_i - \bar{y}) (y_j - \bar{y})}{(y_i - \bar{y})^2}$$

---

14 *De forma análoga, também podemos utilizar o C de Geary local.*

Com base na interpretação dos testes, os resultados classificam cada unidade espacial em uma destas possibilidades: 1) **alto-alto**, quando o valor da variável de interesse em determinada área e em seus vizinhos é alto; 2) **alto-baixo**, quando a área tem um valor alto da variável de interesse, mas as áreas ao redor têm um valor baixo; 3) **baixo-alto**, quando a região considerada tem um valor baixo da variável de interesse, mas os vizinhos apresentam um valor alto; 4) **baixo-baixo**, quando o valor da variável de interesse na área e em seus vizinhos é baixo; 5) quando a relação entre a região e seus vizinhos **não rejeita a hipótese nula** de inexistência de correlação espacial, sob um determinado nível de significância.

Como vimos no gráfico de Moran (exibido na Figura 4.2), cada uma das quatro primeiras alternativas citadas se refere a valores estatisticamente significantes que se encontram no quadrante superior direito (1), no quadrante inferior direito (2), no quadrante superior esquerdo (3) e no quadrante inferior esquerdo (4). Além do gráfico de Moran, esses resultados também podem ser visualizados por meio de mapas, como mostraremos ao final desta seção, em nosso exemplo de aplicação do método.

Como exemplo do uso desses indicadores na literatura, retornamos aos trabalhos de Soares e Terron (2008) e Terron e Soares (2010). No primeiro, os autores utilizam o Moran local para observar a "clusterização" da votação de Lula em 2002 e 2006 e criar uma tipologia da dinâmica desses territórios eleitorais entre as eleições. Eles também usam um teste de Moran local para avaliar a participação do Bolsa Família na renda média domiciliar mensal dos municípios. Seus achados principais apontam para a construção de novas zonas de coesão no Norte e no Nordeste, bem como uma desconstrução das zonas de coesão no Centro-Sul. A comparação entre os mapas com esse indicador para a participação do Bolsa Família e a diferença de votos de Lula em 2006 e 2002 também revelam uma semelhança nos agrupamentos observados.

Em Terron e Soares (2010), os autores designam os municípios categorizados como alto-alto e alto-baixo como territórios eleitorais de Lula ou das listas eleitorais petistas para deputado federal. Se, em 1994 e 1998, os territórios comuns a Lula e ao PT correspondiam a 39% do total de municípios que eram territórios de alguns dos dois, o valor desse indicador é só de 6% em 2006, mesmo que o número total de municípios/territórios eleitorais tenha quase dobrado nesse mesmo intervalo (passando de 983, em 1994, para 1.906, em 2006). Assim, o Moran local se torna um teste interessante para indicar o distanciamento das bases eleitorais de Lula e do PT no período.

Ainda investigando eleições presidenciais, neste caso, a de 1989, Faganello, Simoni Júnior e Catelano (2022) utilizam o Moran local para evidenciar as regiões de coesão dos dois principais candidatos (Fernando Collor de Mello e Lula). Os mapas de LISA mostram como no Norte e no Centro-Oeste existem claras regiões de coesão de votação em Collor, enquanto nas demais regiões (Sul, Sudeste e Nordeste) existem áreas de coesão de ambos os candidatos.

Esse método também pode ser aplicado em escala inframunicipal e para eleições proporcionais. Rodrigues-Silveira (2013b), por exemplo, adota o Moran local para explorar as votações para prefeito e vereador para diferentes partidos no nível de bairros dos municípios de Fortaleza e Porto Alegre. Ele observa que, no geral, existem regiões de coesão para os partidos dentro das cidades, avaliando que elas devem se relacionar com a segregação espacial dessas cidades. Terron, Ribeiro e Lucas (2012), por sua vez, utilizam o LISA para identificar bairros onde a votação de vereadores no município do Rio de Janeiro tenha sido classificada como alto-alto e alto-baixo. O percentual de votos obtidos nessas regiões é usado para corrigir a categorização que o indicador global sugeria para a distribuição de votos dos candidatos. Além disso, as pesquisadoras avaliam as disputas intrapartidárias em territórios e verificam que em três dos sete partidos analisados há mais de um candidato para quem um mesmo bairro seria um território eleitoral.

Por fim, passemos ao exemplo de aplicação desse método no R. Aqui, seguimos com o exemplo da votação de Lula em 2022. Para estimar o LISA para cada unidade geográfica, utilizamos a função *localmoran*, especificando a variável em questão e a matriz de pesos espaciais.

```
# Fazemos o teste com a função localmoran,
# também do pacote spdep
lisa <- localmoran(municipios_lula$PERCENTUAL, ww_pais)
# Ele traz como resultado a estatística de Moran Local
# para aquela unidade, seu valor esperado, variância,
# desvio padrão, e p-valor
# (para mais informações, vejam a ajuda da função)
```

Para produzir os mapas, contudo, precisamos preparar os dados com base nos resultados obtidos, para posteriormente uni-los a um mapa com as unidades geográficas que desejamos utilizar. Nessa preparação, padronizamos nossa variável de interesse (no caso, o percentual de votos válidos de Lula no município) e criamos uma variável espacialmente defasada. Passamos esse resultado para o banco de dados original e, com base nos valores padronizados da variável na unidade e daquele espacialmente defasado, bem como do p-valor obtido com a função *localmoran*, classificamos cada unidade em uma das cinco categorias do LISA (alto-alto, alto-baixo, baixo-alto, baixo-baixo, não significante).

```r
# Para produzir uma visualização, precisamos padronizar a
# variável e criar uma variável espacialmente defasada

# Padronização
municipios_lula$s_n_percentual <- as.vector(
  scale(municipios_lula$PERCENTUAL))

# Variável espacialmente defasada
municipios_lula$lag_n_percentual <- lag.listw(
  ww_pais, municipios_lula$s_n_percentual)

# Anexa os resultados do Moran Local ao objeto original,
# associado aos polígonos
municipios_lula <- cbind(municipios_lula, lisa)

# Renomeia a penúltima coluna, para facilitar seu uso
names(municipios_lula)[length(names(municipios_lula))-1]
<- "p_value"

## Para criar a visualização, vamos criar uma variável, a
## depender da localização da observação no quadrante do
## gráfico do Moran. E associamos a informação do p-valor
municipios_lula <- municipios_lula |>
  # Cria a variável do quadrante + significância
  mutate(
    lisa_95 = ifelse(
      s_n_percentual > 0 & lag_n_percentual > 0 & p_value
      <= 0.05,
      "Alto-Alto", NA),
    lisa_95 = ifelse(
      s_n_percentual <= 0 & lag_n_percentual <= 0 & p_
      value <= 0.05,
      "Baixo-Baixo", lisa_95),
    lisa_95 = ifelse(
      s_n_percentual > 0 & lag_n_percentual <= 0 & p_
      value <= 0.05,
      "Alto-Baixo", lisa_95),
    lisa_95 = ifelse(
      s_n_percentual <= 0 & lag_n_percentual > 0 & p_
      value <= 0.05,
      "Baixo-Alto", lisa_95),
    lisa_95 = ifelse(is.na(lisa_95), "Não significante",
      lisa_95)) |>
  # Transformamos a variável para melhorar seu label
  mutate(lisa_95 = factor(lisa_95,
    levels = c("Alto-Alto", "Alto-Baixo",
    "Baixo-Baixo", "Baixo-Alto",
    "Não significante")))
```

Ao final, produzimos o mapa, especificando o código *html* das cores que vão preencher cada uma das categorias. Aqui, consideramos a convenção segundo a qual se utilizam tons escuros de vermelho e azul para representar as categorias alto-alto e baixo-baixo, tons claros de vermelho e azul para as categorias alto-baixo e baixo-alto e o cinza-claro para as regiões cujo teste não alcançou valores mínimos de significância estatística. Em nosso resultado, observamos que as regiões de coesão formadas pela votação de Lula em 2022 são bastante semelhantes àquelas apresentadas por Soares e Terron (2008) e Terron e Soares (2010) para esse candidato em 2006, revelando-se como o padrão de candidatos presidenciais petistas desde então.

```
# Produz a visualização com o ggplot
municipios_lula |>
    ggplot() +
    # Preenchemos com a variável lisa_95
    geom_sf(aes(fill = lisa_95), color = "black", linewidth
    = 0.01) +
    # Cria uma escala manual de cores
    scale_fill_manual(
    # A posição da cor e a mesma do label no factor
    values = c("#FF0000", "#F08080", "#0000FF", "#87CEEB",
    "#D3D3D3"),
    # Mantém todos os valores possíveis na legenda
    drop = FALSE) +
    theme_void() +
    # Acrescenta informações sobre a legenda
    guides(fill = guide_legend(title = "LISA", nrow = 2)) +
    theme(legend.position = "bottom",
    legend.direction = "horizontal")
```

Mapa 4.1 – Moran local para a votação percentual de Lula em 2022

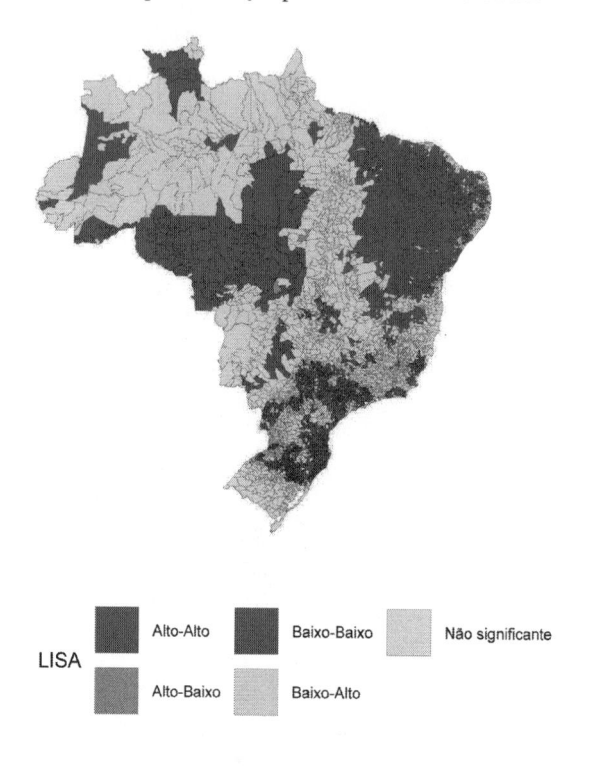

Fonte: Elaborado com base em Brasil, 2024a; IBGE, 2010b.

(4.5) Modelos de regressão espacial

Nesta seção, abordaremos brevemente como integrar o espaço em modelos de regressão linear convencional. De forma resumida, podemos definir que modelos desse tipo permitem estimar os parâmetros de uma função que relaciona uma variável independente (ou explicativa, X) e uma variável dependente (ou resposta, Y), tomando para isso um determinado conjunto de dados. Por meio desses modelos, estima-se o efeito de uma ou várias variáveis explicativas sobre a variável dependente, assumindo que elas estão associadas linearmente.

Apesar da popularidade de modelos de regressão linear nas ciências sociais, as análises mais comuns não levam a análise espacial às últimas consequências. Isso porque, nesse tipo de uso, o espaço é incluído por meio de variáveis que identifiquem a região à qual cada observação pertence, como o país ou a cidade[15]. Porém, ao utilizarmos modelos de regressão espacial, conseguimos levar em conta o conceito de **vizinhança** ou de **conectividade** como parte da explicação.

A ideia que fundamenta a utilização de modelos de regressão que levem em consideração o espaço foi lançada ainda no século XIX por Francis Galton – posteriormente conhecida como o **problema de Galton**. Em 1888, em resposta a uma apresentação no Instituto Real de Antropologia, Galton colocou a possibilidade de duas explicações diferentes para fenômenos espacialmente dependentes (Darmofal, 2015). Uma das explicações indica a possibilidade de um efeito de **difusão** do fenômeno em análise, que se daria de forma mais intensa entre os vizinhos, uma ideia que remete à primeira lei da geografia[16]. Na segunda explicação possível, áreas vizinhas apresentam comportamentos semelhantes não por causa da difusão entre elas, mas pelo fato de terem algumas características semelhantes que influenciam esse fenômeno, como o perfil socioeconômico da população, que afetaria a votação em um candidato (Darmofal, 2015).

---

15 *Também conhecidos como* efeitos fixos.
16 *"Todas as coisas estão relacionadas com as demais, porém aquelas próximas estarão mais relacionadas entre si do que em relação àquelas que estão distantes" (Tobler, 1970, p. 236, tradução nossa).*

Com base nessas ideias, pesquisadores desenvolveram técnicas econométricas que permitem modelar a dependência espacial, incluindo-a na estimação desses modelos de regressão (Ward; Gleditsch, 2008). Existem dois modelos básicos que desempenham essa função: os modelos de defasagens espaciais **na variável dependente** *(spatially lagged model)* ou **no erro** *(spatially error model)* (Ward; Gleditsch, 2008; Soares; Terron, 2008; Darmofal, 2015).

A principal diferença entre esses modelos é teórica. Se a teoria nos informa a existência de efeitos *feedback*, isto é, efeitos de difusão nos quais territórios próximos afetam a variável dependente de outros territórios próximos, o modelo de defasagem espacial na variável dependente é mais adequado. Nesse caso, acredita-se na existência de um efeito de difusão, que vai se enfraquecendo à medida que a distância aumenta. Caso a teoria não suporte tal ideia, pode-se procurar por correlação espacial nos termos de erro da regressão[17].

Ward e Gleditsch (2008) afirmam que, em geral, modelos de erro espacial são menos interessantes para explicações de fenômenos sociais, pois têm maior aplicação em situações nas quais analistas creem que exista alguma dependência espacial no erro, mas cuja origem não conseguem identificar – caso de uma variável omitida do modelo, por exemplo. Assim, como os fenômenos sociais e políticos ainda não incluíram devidamente o **contexto** em suas explicações, há várias aplicações em que isso poderia ser feito de maneira mais sistemática, revelando o potencial desses modelos de defasagem espacial na variável dependente. De toda forma, Ward e Gleditsch

---

17 Na ausência de teoria (ou em caso de controvérsia) sobre a relação estudada, existem testes de diagnóstico que possibilitam escolher entre um dos dois modelos básicos. Os interessados podem procurar o rico material sobre econometria espacial. Em inglês, os livros de Darmofal (2015) e Ward e Gleditsch (2008) são excelentes manuais aplicados às ciências sociais. O livro de Moraga (2023) apresenta aplicações de estatística espacial em R.

(2008) afirmam que modelos de erro ainda podem auxiliar bastante na obtenção de estimativas mais precisas dos efeitos estudados em ciências sociais, em virtude da pouca atenção que modelos de regressão linear dão a esse fator.

Como exemplo da aplicação desses modelos, Ward e Gledistch (2008) apresentam análises sobre a forma como modelos de regressão linear (mínimos quadrados ordinários) do efeito do PIB (Produto Interno Bruto) *per capita* sobre o nível de democracia podem ser afetados pela existência de dependência espacial. Em testes de diagnóstico, os autores identificam que esse é um fenômeno que apresenta dependência espacial nos termos de erro dessa regressão. Ao estimarem um modelo de defasagem espacial na variável dependente, o efeito do PIB *per capita* reduz substantivamente, revelando que a difusão era potencialmente uma variável que havia sido omitida do modelo original.

Em um trabalho sobre eleições brasileiras, Marzagão (2013) associa os diferentes modelos de correlação espacial a fenômenos distintos das eleições nacionais brasileiras. Um modelo de defasagem espacial é utilizado para avaliar se os percentuais de votos obtidos por Dilma Rousseff estão associados aos seus vizinhos. Nesse modelo, o valor da variável dependente em cada cidade é determinado por uma média ponderada dos valores da variável dependente em cidades próximas. Em seus resultados, o autor não encontra evidência de que os residentes de um município influenciem a escolha eleitoral dos residentes dos municípios próximos. Ele usa ainda um modelo de correlação espacial em que avalia se os resíduos do modelo são espacialmente autocorrelacionados para testar duas outras hipóteses: se as campanhas eleitorais focariam certas regiões e negligenciariam outras, o que aproxima o voto dos eleitores residentes em municípios pertencentes a uma mesma região, e se eleitores de municípios próximos tendem a votar de maneira parecida simplesmente porque são socioeconomicamente semelhantes e, portanto, têm preferências políticas semelhantes. Os resultados obtidos por Marzagão (2013) são parciais quanto à especificação regional das campanhas eleitorais, mas confirmam a hipótese de que as condições socioeconômicas comuns explicam o voto.

Em um outro exemplo recente, Faganello, Simoni Júnior e Catelano (2022) aplicam modelos espaciais para a avaliação da eleição presidencial de 1989. Os autores testam as hipóteses de que a eleição de Fernando Collor se deu (1) em razão da votação obtida junto à população mais pobre do país e (2) por conta da desestruturação partidária existente à época. Para isso, eles utilizam modelos com defasagens espaciais na variável dependente e nas independentes, deixando de fora a opção de estimar erros espaciais. A avaliação dos autores é que essa interpretação convencional não se sustenta, diante de resultados contraditórios dos indicadores avaliados. Assim, os exemplos comentados aqui, novamente, reforçam as possibilidades de contribuição teórica a respeito do fenômeno eleitoral sob o ponto de vista espacial.

Síntese

Neste capítulo, apresentamos as principais variáveis que foram teoricamente associadas espacialmente com o voto. Também tratamos dos diferentes critérios para definir a vizinhança, fundamentais para que se compreendam os índices de autocorrelação espacial. Por fim, abordamos as características fundamentais de um modelo de regressão espacial.

Para saber mais

TERRON, S. L. **A composição de territórios eleitorais no Brasil: uma análise das votações de Lula (1989-2006)**. 108 f. Tese (Doutorado em Ciência Política) – Instituto Universitário de Pesquisas do Rio de Janeiro, Rio de Janeiro, 2009. Disponível em: <https://bibliotecadigital.tse.jus.br/xmlui/handle/bdtse/4062>. Acesso em: 19 ago. 2024.

A pesquisadora Sonia Luiza Terron é, provavelmente, a principal referência nos trabalhos sobre geografia eleitoral no Brasil. Em sua tese de doutorado, entre outros pontos, ela aprofunda alguns dos temas abordados nos dois artigos científicos escritos em coautoria com Gláucio Ary Dillon Soares – recomendados no capítulo anterior –, além de apresentar explicações didáticas sobre questões metodológicas associadas à análise espacial de dados.

DI SALVATORE, J.; RUGGERI, A. Spatial Analysis for Political Scientists. **Italian Political Science Review/Rivista Italiana di Scienza Politica**, v. 51, n. 2, p. 198-214, 2021. Disponível em: <https://doi.org/10.1017/ipo.2021.7>. Acesso em: 24 set. 2024.

Nesse artigo (em inglês), Jessica Di Salvatore e Andrea Ruggeri apresentam talvez a melhor introdução atualmente disponível a respeito de análise espacial para cientistas políticos. Os autores abordam os principais tópicos da análise espacial, alguns deles discutidos neste livro, como os tipos de dados espaciais, a noção de vizinhança, a autocorrelação e a regressão espacial.

FIGUEIREDO, M. F. **A decisão do voto**: democracia e racionalidade. Belo Horizonte: Ed. da UFMG, 2008.

Nessa obra de referência da ciência política brasileira, Marcus Figueiredo apresenta um excelente panorama das principais teorias sobre o comportamento dos eleitores, abordadas nas seções iniciais deste capítulo.

DARMOFAL, D. **Spatial Analysis for the Social Sciences**. New York: Cambridge University Press, 2015.

Se o artigo de Di Salvatore e Ruggeri (2021) mencionado anteriormente é a melhor introdução atualmente disponível, esse livro de David Darmofal (em inglês) é o melhor manual para cientistas políticos. Ele aprofunda diversos tópicos metodológicos discutidos em nossa obra, além de tratar de alguns temas mais avançados. Em todos os capítulos, o autor discute exemplos de aplicação desses métodos, sendo que boa parte dos casos advém da ciência política.

Questões para revisão

1. Considere as afirmações a seguir:
    i) Os candidatos de um hipotético Partido Cristão geralmente recebem votos massivamente de pessoas de todo o país que professam sua fé cristã.
    ii) Em uma eleição de poucos candidatos, é bastante provável que os eleitores considerem detalhadamente as propostas de cada um dos candidatos e, assim, tomem suas decisões baseadas nesse critério.

iii) Os eleitores identificados com a direita em determinado país têm em comum o fato de que nasceram em famílias de classe média-alta, pouco discutiam política no ambiente familiar e frequentaram, durante os primeiros anos de educação formal, escolas que ofereciam um tipo de educação bastante tradicional.

Cada uma das afirmações está primordialmente associada a uma abordagem distinta de comportamento eleitoral. Assinale a alternativa que melhor descreve essa associação:

a) I – sociológica; II – psicológica; III – racional.
b) I – psicológica; II – racional; III – sociológica.
c) I – racional; II – sociológica; III – psicológica.
d) I – sociológica; II – racional; III – psicológica.
e) I – psicológica; II – sociológica; III – racional.

2. As afirmativas a seguir dizem respeito ao conceito de vizinhança e sua operacionalização. Marque V para as verdadeiras e F para as falsas:

( ) As matrizes de pesos espaciais são simétricas, isto é, se determinada unidade é vizinha de outra, a recíproca é verdadeira.

( ) Matrizes de contiguidade de primeira ordem estabelecem que regiões imediatamente contíguas são vizinhas. No caso de matrizes de segunda ordem, isso se estende também aos vizinhos dos vizinhos.

( ) A operacionalização da matriz de contiguidade exige o uso de um critério sobre o tipo de contiguidade em que isso se dá. Esses tipos são identificados pelos nomes de algumas peças de xadrez: rainha, bispo e torre. Na geografia eleitoral, o uso desses três critérios é adequado, tendo em vista o fenômeno em análise.

( ) Uma matriz W, apoiada em um critério de vizinhos mais próximos, estabelece as conexões com base naquelas *k* unidades mais próximas. Ela é útil para investigar fenômenos que têm uma justificativa teórica que indique esse limite *k*, como no caso da expectativa de contatos para conversas sobre política.

Agora, assinale a alternativa que apresenta a sequência obtida:

a) F, V, F, V.
b) V, V, F, V.
c) V, F, F, V.
d) F, V, V, F.
e) V, F, V, F.

3. Sobre a autocorrelação espacial, assinale a(s) alternativa(s) **incorreta(s)**:

a) As técnicas de autocorrelação espacial se dividem em duas espécies: a global e a local. Enquanto a primeira se concentra na análise do conjunto de dados como um todo, a segunda se adéqua à análise da relação de áreas individualmente e relativamente aos seus vizinhos. Para cada espécie, é possível utilizar diversos testes.

b) A interpretação do I de Moran se assemelha à de um índice de correlação. Porém, esses testes apresentam algumas diferenças, como os limites superior e inferior do valor da estatística-teste.

c) Para realizar um teste do I de Moran com o pacote *spdep*, o único argumento que é necessário adicionar à função *moran.test* é a variável cuja autocorrelação espacial será testada.

d) Os indicadores locais de associação espacial (LISA), ou Moran local, classificam as áreas em quatro categorias (alto-alto, alto-baixo, baixo-alto e baixo-baixo), considerando somente a posição de uma observação em um gráfico do I de Moran.

e) O valor esperado do I de Moran indica o parâmetro pelo qual devemos comparar o resultado obtido com nossos dados analisados para avaliar se existe alguma correlação espacial neles.

4. Considere os mapas a seguir, extraídos de Jacintho et al. (2020), nos quais está representado o Moran local no nível municipal para percentuais de votos obtidos pelos respectivos partidos nas eleições presidenciais.

Mapa 4.2 – Moran local para percentuais de votos municipais nas eleições presidenciais

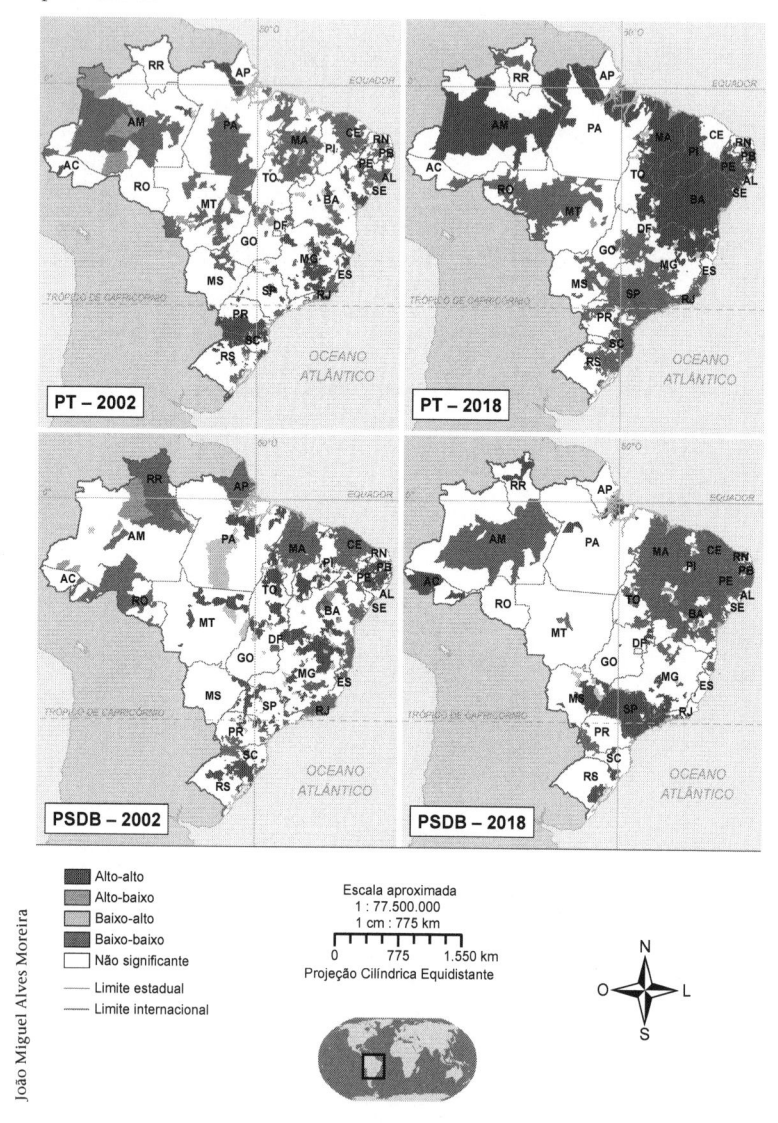

- Alto-alto
- Alto-baixo
- Baixo-alto
- Baixo-baixo
- Não significante
- Limite estadual
- Limite internacional

Escala aproximada
1 : 77.500.000
1 cm : 775 km
0   775   1.550 km
Projeção Cilíndrica Equidistante

Fonte: Jacintho et al., 2020, p. 6-7, tradução nossa.

Interprete os resultados apresentados em cada um desses mapas, considerando os indicadores de cada um dos dois partidos (PT – Partido dos Trabalhadores e PSDB – Partido da Social Democracia Brasileira) ao longo do tempo (2002 e 2018).

5. Ao calcular o I de Moran global para a votação absoluta de Lula por município em 2022, encontramos um resultado de +0,14 (estatisticamente significante, sob níveis convencionais de significância estatística). Trata-se de um valor substancialmente menor do que o de +0,88 encontrado para a votação percentual, apresentado anteriormente neste capítulo.

O mapa a seguir mostra o resultado do Moran local para essa variável. É nítido que não se nota mais a forte tendência do vermelho-escuro por todo o Nordeste e no norte de Minas Gerais (nem as áreas de azul-escuro no Centro-Oeste, no Sul e no Sudeste).

Mapa 4.3 – Moran local para a votação absoluta de Lula em 2022

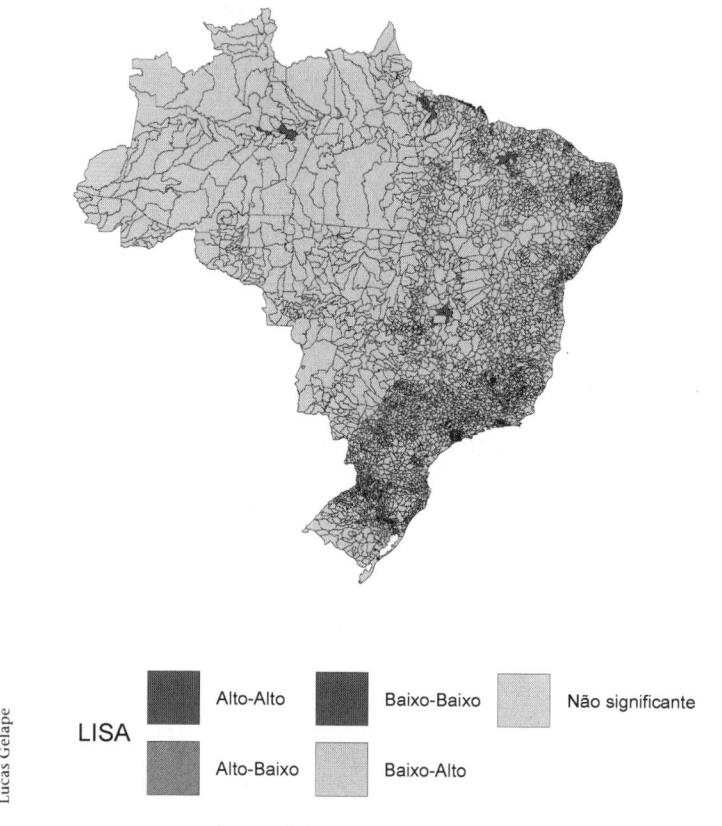

LISA: Alto-Alto, Alto-Baixo, Baixo-Baixo, Baixo-Alto, Não significante

Fonte: Elaborado com base em Brasil, 2024a; IBGE, 2010b.

Com base nesses resultados, discuta a escolha da variável de votação absoluta por município para essa análise. Ela foi adequada para a identificação de territórios eleitorais de Lula nessa eleição? Quais vantagens ou desvantagens ela apresenta em relação à votação percentual? Você consegue identificar quais são as áreas em vermelho-escuro no mapa? Essas áreas podem fornecer uma pista do que esse mapa está mostrando.

Questão para reflexão

1. Pense em um problema de pesquisa no qual você possa investigar a associação de alguma(s) variável(is) com certos padrões espaciais de votação. A partir dele, indique as fontes de dados que você utilizaria para a pesquisa, incluindo os respectivos bancos do Tribunal Superior Eleitoral (TSE). Avalie a autocorrelação espacial da votação do candidato que você escolheu, sem se esquecer de justificar a escolha de sua matriz de pesos espaciais. Ao final, reflita sobre a forma como você poderia utilizar um modelo de regressão espacial para responder a essa pergunta de pesquisa.

Considerações finais

Ao longo deste livro, buscamos apresentar as principais teorias e métodos para permitir que os leitores façam interpretações adequadas de materiais relacionados à geografia eleitoral e, também, consigam produzir análises consistentes, diante dos riscos de erros não intencionais que o analista pode cometer ao usar esses dados. Assim, partimos de temas introdutórios, como os tipos e formatos de dados espaciais, a representação desses dados, a organização territorial das eleições e a disponibilização dos dados, e chegamos a temas mais avançados, como o emprego de técnicas de análise espacial de dados aplicadas às eleições.

Acreditamos que esta obra traz uma contribuição inestimável para os leitores interessados em geografia eleitoral no Brasil. Apresentamos um panorama amplo do desenvolvimento do campo ao longo das últimas décadas, partindo de conhecimentos introdutórios necessários para o entendimento das teorias e dos métodos empregados, incluindo exemplos de aplicação com a linguagem *R*, que tem se tornado a língua franca entre os analistas quantitativos na ciência política.

Os trabalhos iniciais desse campo de pesquisa consistiam em valorosos esforços de mapeamento de eleições num período em que a coleta de dados e a confecção de mapas eram tarefas hercúleas.

Hoje, a geografia eleitoral está em um momento de grande desenvolvimento, motivado pelo interesse dos pesquisadores, pelo avanço da capacidade computacional e dos sistemas de informação geográfica, pelos métodos de pesquisa e pelo corpo teórico que se formou sobre a geografia eleitoral. Se os desenvolvimentos metodológicos impulsionam o interesse recente, vimos que os principais avanços da geografia eleitoral brasileira dependeram do desenvolvimento teórico, um elemento essencial para o desenvolvimento científico. Desse modo, a título de encerramento, apontamos alguns caminhos interessantes em direção aos quais esse campo tem seguido.

Mediante o estudo de eleições proporcionais brasileiras, Silotto (2019) e Zolnerkevic (2024) argumentam que fatores como a *localness* são relevantes para a formação da lista de candidatos e os resultados eleitorais. Silva e Silotto (2018) e Guarnieri e Silva (2022), por sua vez, apresentam evidências da relevância do fluxo informacional para a formação de padrões de votação. Dessa forma, trata-se de evidências do efeito contextual postulado pela teoria.

Em sua tese de doutorado, Gonçalves (2021) empreende análises bibliométricas e cientométricas que informam que a geografia eleitoral no Brasil apresenta baixas conexões com a geografia humana, em especial com abordagens pós-estruturalistas e de identidade. O autor busca essas conexões ao propor um modelo para representar geograficamente as eleições brasileiras, considerando as rotas terrestres e a densidade populacional local, aplicando-o a um estudo da representação eleitoral indígena. Assim, Gonçalves (2021) avança ao propor a resolução de um problema metodológico ao tentar libertar as análises de geografia eleitoral de limites administrativos que podem ter significado concreto para os eleitores, ao mesmo tempo que faz o gesto de se aproximar com uma literatura com a qual pouco nos conectamos.

Moreira (2023), por seu turno, aprofunda a investigação de um padrão notado anteriormente por Avelino, Biderman e Silva (2011) e Silva (2017): a maior dispersão dos votos de deputados candidatos à reeleição. Por meio de um desenho de pesquisa que inclui elementos de inferência causal, Moreira (2023) confirma o padrão previamente observado, indicando que incumbentes são mais propensos a expandir seus territórios eleitorais e, simultaneamente, preservar aqueles previamente conquistados.

Vemos, portanto, que o campo da geografia eleitoral se encontra fértil para novos avanços. De um lado, o desenvolvimento tecnológico seguirá contribuindo para facilitar o uso de ferramentas de análise espacial, além de potencializar a capacidade delas. De outro, os novos desenvolvimentos teóricos e metodológicos produzidos pelos pesquisadores têm contribuído para conduzir essas análises a novos patamares. Esperamos que este livro contribua para capacitar novos analistas/pesquisadores para a atuação nessa área, além de ser um convite para que se juntem na construção desse campo de pesquisa.

Referências

ADCOCK, R.; COLLIER, D. Measuremente Validity: a Shared Standard for Qualitative and Quantitive Research. **American Political Science Review**, v. 95, n. 3, p. 529-546, 2001. Disponível em: <https://doi.org/10.1017/S0003055401003100>. Acesso em: 25 set. 2024.

AGNEW, J. Mapping Politics: How Context Counts in Electoral Geography. **Political Geography**, v. 15, n. 2, p. 129-146, 1996. Disponível em: <http://www.geo.hunter.cuny.edu/courses/geog334/articles/mapping_geography.pdf>. Acesso em: 30 ago. 2024.

AGNEW, J. **Place and Politics**: the Geographical Mediation of State and Society. Abington: Routledge, 2014.

AMARAL, O. O que sabemos sobre a organização dos partidos políticos: uma avaliação de 100 anos de literatura. **Revista Debates**, v. 7, n. 2, p. 11-32, 2013. Disponível em: <https://doi.org/10.22456/1982-5269.38429>. Acesso em: 15 out. 2024.

AMES, B. A estratégia eleitoral na representação proporcional com lista aberta. **Cadernos Metrópole**, v. 14, n. 27, p. 59-87, jan./jun. 2012. Disponível em: <https://revistas.pucsp.br/index.php/metropole/article/view/14781>. Acesso em: 18 ago. 2024.

AMES, B. Electoral Rules, Constituency Pressures, and Pork Barrel: Bases of Voting in Brazilian Congress. **The Journal of Politics**, v. 57, n. 2, p. 324-343, 1995a.

AMES, B. Electoral Strategy under Open-List Proportional Representation. **American Journal of Political Science**, v. 39, n. 2, p. 406-433, 1995b. Disponível em: <https://web.pdx.edu/~mev/pdf/PS410_Readings_2014/Ames.pdf>. Acesso em: 30 ago. 2024.

AMES, B. **Os entraves da democracia no Brasil**. Rio de Janeiro: FGV, 2003.

ANSELIN, L. Local Indicators of Spatial Association – LISA. **Geographical Analysis**, v. 27, n. 2, p. 93-115, 1995. Disponível em: <https://dces.webhosting.cals.wisc.edu/wp-content/uploads/sites/128/2013/08/W4_Anselin1995.pdf>. Acesso em: 30 ago. 2024.

APURAÇÃO por zona eleitoral: Veja os resultados da eleição em cada zona eleitoral para presidente. **G1**, 2 out. 2022. Disponível em: <https://especiaisg1.globo.com/politica/eleicoes/2022/mapas/apuracao-zona-eleitoral-presidente>. Acesso em: 19 ago. 2024.

ARBIA, G.; ESPA, G.; GIULIANI, D. Analysis of Spatial Concentration and Dispersion. In: KARLSSON, C.; ANDERSSON, M.; NORMAN, T. (Ed.). **Handbook of Research Methods and Applications in Economic Geography**. [S.l.]: Edward Elgar Publishing, 2015. p. 135-157.

ARCGIS. **Geocoding and Geosearch**. Disponível em: <https://doc.arcgis.com/en/arcgis-online/reference/geocode.htm>. Acesso em: 25 set. 2024.

AVELINO, G.; BIDERMAN, C.; SILVA, G. P. da. A concentração eleitoral nas eleições paulistas: medidas e aplicações. **Dados**, v. 54, n. 1, p. 319-347, 2011. Disponível em: <https://www.scielo.br/j/dados/a/RjRDNdDPrvByznWxBsfc4dF/?lang=pt#>. Acesso em: 30 ago. 2024.

AVELINO, G.; BIDERMAN, C.; SILVA, G. P. da. A concentração eleitoral no Brasil (1994-2014). **Dados**, v. 59, n. 4, p. 1091-1125, 2016. Disponível em: <https://www.scielo.br/j/dados/a/FjxvsM9jJPfVhX58gKLrgpv/abstract/?lang=pt>. Acesso em: 30 ago. 2024.

ÁVILA, R. P. de.; MONASTERIO, L. O MAUP e a análise espacial: um estudo de caso para o Rio Grande do Sul (1991-2000). **Revista Análise Econômica**, v. 26, n. 49, p. 233-259, mar. 2008. Disponível em: <https://seer.ufrgs.br/index.php/AnaliseEconomica/article/view/1115>. Acesso em: 30 ago. 2024.

BARONE, L. S.; PHILLIPS, J. **Introdução à programação e ferramentas computacionais para as ciências sociais**. 2019. Disponível em: <https://github.com/leobarone/FLS6397_2018>. Acesso em: 19 ago. 2024.

BARROZO, L. V. **Cartografia temática em R para estudantes de Geografia**: do zero aos principais tipos de representações cartográficas em R. 2023. Disponível em: <https://ligiaviz.github.io/RCartoTematica>. Acesso em: 19 ago. 2024.

BELO HORIZONTE. Prefeitura. **Bairro Oficial**. jan. 2024. Disponível em: <https://geoservicos.pbh.gov.br/geoserver/wfs?service=WFS&version=1.0.0&request=GetFeature&typeName=ide_bhgeo:BAIRRO_OFICIAL&srsName=EPSG:31983&outputFormat=SHAPE-ZIP>. Acesso em: 19 ago. 2024.

BING. **Bing Maps Locations API**. Disponível em: <https://learn.microsoft.com/en-us/bingmaps/rest-services/locations>. Acesso em: 25 set. 2024.

BORGES, A.; PAULA, C.; SILVA, A. N. Eleições legislativas e geografia do voto em contexto de preponderância do Executivo. **Revista de Sociologia e Política**, Curitiba, v. 24, n. 58, p. 31-58, jun. 2016. Disponível em: <https://doi.org/10.1590/1678-987316245802>. Acesso em: 24 set. 2024.

BOURDIEU, P., CHAMBOREDON, J.-C.; PASSERON, J.-C. **Ofício de sociólogo**: metodologia da pesquisa na sociologia. 5. ed. Petrópolis: Vozes, 2005.

BRASIL. Lei n. 4.737, de 15 de julho de 1965. **Diário Oficial da União**, Poder executivo, Brasília, DF, 19 jul. 1965. Disponível em: <https://www.planalto.gov.br/ccivil_03/leis/l4737compilado.htm>. Acesso em: 3 set. 2024.

BRASIL. Lei n. 9.504, de 30 de setembro de 1997. **Diário Oficial da União**, Poder Legislativo, Brasília, DF, 1º out. 1997. Disponível em: <https://www.planalto.gov.br/ccivil_03/leis/l9504.htm>. Acesso em: 3 set. 2024.

BRASIL. Tribunal Superior Eleitoral. **Portal de Dados Abertos do TSE**. Disponível em: <https://dadosabertos.tse.jus.br/>. Acesso em 25 set. 2024a.

BRASIL. Tribunal Superior Eleitoral. **Portal de Dados Abertos do TSE**: Conjuntos de dados – Resultados. Disponível em: <https://dadosabertos.tse.jus.br/organization/tse-agel?groups=resultados>. Acesso em 25 set. 2024b.

BRASIL. Tribunal Superior Eleitoral. **Portal de Dados Abertos do TSE**: Conjuntos de dados – Eleitorado. Disponível em: <https://dadosabertos.tse.jus.br/dataset/?groups=eleitorado>. Acesso em 25 set. 2024c.

BRASIL. Tribunal Superior Eleitoral. Zona Eleitoral. In: **Glossário Eleitoral**. Disponível em: <http://www.tse.jus.br/eleitor/glossario/termos-iniciados-com-a-letra-z#zona-eleitoral>. Acesso em: 19 ago. 2024d.

CAIRO, A. **The Truthful Art**: Data, Charts, and Maps for Communication. [S.l.]. New Riders, 2016.

CALVO, E.; ESCOLAR, M. The Local Voter: a Geographically Weighted Approach to Ecological Inference. **American Journal of Political Science**, v. 47, n. 1, p. 189-204, jan. 2003.

CAMPBELL, A. et al. **The American Voter**. Chicago: University of Chicago Press, 1980.

CARVALHO, N. R. de. **E no início eram as bases**: geografia política do voto e comportamento legislativo no Brasil. Rio de Janeiro: Revan, 2003.

CARVALHO, N. R. de. Geografia política das eleições congressuais: a dinâmica de representação das áreas urbanas e metropolitanas no Brasil. **Cadernos Metrópole**, São Paulo, v. 11, n. 22, p. 367-384, dez. 2009. Disponível em: <https://revistas.pucsp.br/index.php/metropole/article/view/5939>. Acesso em: 30 set. 2024.

CARVALHO, N. R. de; CORRÊA, F. S.; GHIGGINO, B. Entre o localismo e universalismo: a geografia social dos votos e a questão metropolitana (alguns resultados preliminares). In: ENCONTRO ANUAL DA ASSOCIAÇÃO NACIONAL DE PÓS-GRADUAÇÃO E PESQUISA EM CIÊNCIAS SOCIAIS, 34., 2010, Caxambú. **Anais...** Caxambu: [s.n.], 2010. p. 1-25. Disponível em: <https://biblioteca.sophia.com.br/terminal/9666/Resultado/Listar?guid=1728415378578>. Acesso em: 24 set. 2024.

CASTRO, T. M. A. de. **Internet e geografia eleitoral:** presença online e interatividade em meio aos deputados da Assembleia Legislativa de Minas Gerais. 111 f. Dissertação de (Mestrado em Ciência Política) – Universidade Federal de Minas Gerais, Belo Horizonte, 2016. Disponível em: <https://repositorio.ufmg.br/bitstream/1843/BUOS-BCZMH3/1/ppgcienciapolitica_thomazmoreiraarantescastro_dissertacaomestrado.pdf>. Acesso em: 30 set. 2024.

CENTRO DE ESTUDOS DA METRÓPOLE. Faculdade de Filosofia, Letras e Ciências Humanas da Universidade de São Paulo. **Estados brasileiros e Distrito Federal.** 11 ago. 2020a. Disponível em: <https://doi.org/10.55881/CEM.db.est001>. Acesso em: 25 set. 2024.

CENTRO DE ESTUDOS DA METRÓPOLE. Faculdade de Filosofia, Letras e Ciências Humanas da Universidade de São Paulo. **Sedes dos municípios brasileiros.** 11 ago. 2020b. Disponível em: <https://doi.org/10.55881/CEM.db.mun002>. Acesso em: 25 set. 2024.

CENTRO DE ESTUDOS DA METRÓPOLE. Faculdade de Filosofia, Letras e Ciências Humanas da Universidade de São Paulo. **Base cartográfica georreferenciada em formato shape contendo os 18.184 locais de votação das principais regiões metropolitanas do Brasil.** 14 abr. 2023. Disponível em: <https://centrodametropole.fflch.usp.br/pt-br/node/15393>. Acesso em: 19 ago. 2024.

CHATGPT. Disponível em: <https://chatgpt.com>. Acceso em: 31 ago. 2024.

CORRÊA, F. S. Conexões eleitorais e o emendamento do Projeto de Lei Orçamentária Anual na Assembleia Legislativa de Minas Gerais (2007-2010): uma análise exploratória. In: SANTOS, M. L.; ANASTASIA, F. (Org.). **Política e desenvolvimento institucional no Legislativo de Minas Gerais**. Belo Horizonte: Editora PUC Minas, 2016a. p. 163-204.

CORRÊA, F. S. **Conexões eleitorais, conexões territoriais**: as bases socioterritoriais da representação política na metrópole fluminense. 186 f. Dissertação (Mestrado em Planejamento Urbano e Regional) – Universidade Federal do Rio de Janeiro, Rio de Janeiro, 2011.

CORRÊA, F. S. Conexões territoriais: uma proposta de qualificação das conexões eleitorais na Região Metropolitana do Rio de Janeiro. In: CONGRESO LATINOAMERICANO DE CIENCIA POLÍTICA, 6., 2012, Quito. Disponível em: <https://www.academia.edu/8139067/Conex%C3%B5es_Territoriais_uma_proposta_de_qualifica%C3%A7%C3%A3o_das_conex%C3%B5es_eleitorais_na_Regi%C3%A3o_Metropolitana_do_Rio_de_Janeiro>. Acesso em: 24 set. 2024.

CORRÊA, F. S. **O que fazer para sobreviver politicamente?** Padrões de carreira dos deputados estaduais no Brasil. 153 f. Tese (Doutorado em Ciência Política) – Universidade Federal de Minas Gerais, Belo Horizonte, 2016b. Disponível em: <https://repositorio.ufmg.br/bitstream/1843/BUOS-ARNG5H/1/texto_defesa_filipe_corr_a_v22_09_2017.pdf>. Acesso em: 30 ago. 2024.

DAHLGAARD, J. O. et al. Living Together, Voting Together: Voters Moving in Together before an Election Have Higher Turnout. **British Journal of Political Science**, v. 52, n. 2, p. 631-648, 2022. Disponível em: <https://research.cbs.dk/en/publications/living-together-voting-together-voters-moving-in-together-before->. Acesso em: 30 ago. 2024.

DARMOFAL, D. **Spatial Analysis for the Social Sciences**. New York: Cambridge University Press, 2015.

DI SALVATORE, J.; RUGGERI, A. Spatial Analysis for Political Scientists. **Italian Political Science Review/Rivista Italiana di Scienza Politica**, v. 51, n. 2, p. 198-214, 2021. Disponível em: <https://doi.org/10.1017/ipo.2021.7>. Acesso em: 24 set. 2024.

ELLISON, G.; GLAESER, E. L. Geographic Concentration in U.S. Manufacturing Industries: a Dartboard Approach. **Journal of Political Economy**, v. 105, n. 5, p. 889-927, Oct. 1997.

EVANS, J. et al. Candidate Localness and Voter Choice in the 2015 General Election in England. **Political Geography**, v. 59, 2017. Disponível em: <https://www.sciencedirect.com/science/article/abs/pii/S0962629817300665>. Acesso em: 30 ago. 2024.

FAGANELLO, M. A. **O voto na Bancada da Bala**: estudo de geografia eleitoral na cidade de São Paulo (2012/2016). 105 f. Dissertação (Mestrado em Ciência Política) – Universidade Estadual de Campinas, Campinas, 2017. Disponível em: <https://repositorio.unicamp.br/acervo/detalhe/986682>. Acesso em: 30 ago. 2024.

FAGANELLO, M. A.; SIMONI JÚNIOR, S.; CATELANO, O. Z. Revisitando 1989: uma análise da eleição de Collor com novos dados e modelos de regressão espacial. **Revista de Sociologia e Política**, v. 30, e013, 2022. Disponível em: <https://www.scielo.br/j/rsocp/a/6Z4jgg3nyjTpfTm9MbMQvTN/abstract/?lang=pt#>. Acesso em: 30 ago. 2024.

FEDOZZI, L.; CORRÊA, F. S. Conexões eleitorais e geografia social do voto na Região Metropolitana de Porto Alegre: das debilidades da "polity" aos déficits da "policy". In: FEDOZZI, L.; SOARES, P. R. R. (Org.). **Porto Alegre**: transformações na ordem urbana. Rio de Janeiro: Letra Capital; Observatório das Metrópoles, 2015. p. 294-313.

FGV – Fundação Getulio Vargas. Centro de Política e Economia do Setor Público. **Cepesp Data**. Disponível em: <https://cepesp.fgv.br/data>. Acesso em: 25 set. 2024.

FIGUEIREDO, A.; LIMONGI, F. **Executivo e Legislativo na nova ordem constitucional**. 2 ed. Rio de Janeiro: FGV, 2001.

FIGUEIREDO, M. F. **A decisão do voto**: democracia e racionalidade. Belo Horizonte: Ed. da UFMG, 2008.

FINGLETON, B.; IGLIORI, D. C.; MOORE, B. C. Cluster Dynamics: New Evidence and Projections for Computing Services in Great Britain. **Journal of Regional Science**, v. 45, n. 2, p. 283-311, 2005.

FLEISCHER, D. Concentração e dispersão eleitoral: um estudo da distribuição geográfica do voto em Minas Gerais, 1966-1974. **Revista Brasileira de Estudos Políticos**, n. 43, p. 333-360, 1976.

FREITAS, S. R. **Cartografia aplicada à biogeografia**. 2004. Disponível em: <http://dx.doi.org/10.13140 RG.2.2.20247.57766>. Acesso em: 30 set. 2024.

GANDRUD, C. **Reproducible Research with R and RStudio.** 2. ed. New York: Routledge, 2015.

GELAPE, L. **A geografia do voto em eleições municipais no sistema eleitoral de lista aberta:** um estudo a partir de Belo Horizonte, Rio de Janeiro e São Paulo. 107 f. Dissertação (Mestrado em Ciência Política) – Universidade Federal de Minas Gerais, Belo Horizonte, 2017. Disponível em: <https://repositorio.ufmg.br/handle/1843/BUOS-AQGERZ>. Acesso em: 30 ago. 2024.

GELAPE, L. Possibilidades de pesquisa empírica: teorias e ferramentas para análises espaciais. In: SILOTTO, G. et al. **Poder e território:** uma abordagem a partir da ciência política. Curitiba: InterSaberes, 2021. p. 229-292.

GELAPE, L.; GUEDES-NETO, J. V.; FAGANELLO, M. A. **Mapas Eleitorais com R.** São Paulo, 2023. Disponível em: <https://gv-cepesp.github.io/mapaseleitorais2023>. Acesso em: 19 ago. 2024.

GELAPE, L.; LUZ, J.; THOMÉ, D. Padrões espaciais de votação nas eleições para a Câmara Municipal de São Paulo: um estudo a partir das eleições de 2020. **Estudos Avançados**, v. 38, n. 111, p. 301-323, 2024. Disponível em: <https://doi.org/10.1590/s0103-4014.202438111.016>. Acesso em: 25 set. 2024.

GELAPE, L.; SILVA, G. P. da. **Códigos e bases de dados sobre geografia eleitoral no Brasil.** 2024. Disponível em: <https://github.com/lgelape/geografia_eleitoral_br>. Acesso em: 25 set. 2024.

GLEDITSCH, K. S.; WEIDMANN, N. B. Richardson in the Information Age: Geographic Information Systems and Spatial Data in International Studies. **Annual Review of Political Science**, v. 15, p. 461-481, 2012. Disponível em: <https://www.annualreviews.org/content/journals/10.1146/annurev-polisci-031710-112604>. Acesso em: 25 set. 2024.

GOMES, C. A. T. **Conexão eleitoral na cidade**: geografia do voto e projetos de lei em Belo Horizonte (2001-2007). 178 f. Dissertação (Mestrado em Ciências Sociais) – Pontifícia Universidade Católica de Minas Gerais, Belo Horizonte, 2009. Disponível em: <https://bib.pucminas.br/teses/CiencSociais_GomesCA_1.pdf>. Acesso em: 30 ago. 2024.

GONÇALVES, R. D. **Geografia eleitoral**: tendências e indicações para o desenvolvimento da ciência política. 163 f. Tese (Doutorado em Ciência Política) – Universidade Federal do Paraná, Curitiba, 2021. Disponível em: <https://hdl.handle.net/1884/73375>. Acesso em: 24 set. 2024.

GONÇALVES, R. D. **Onde agrego os votos?** Contribuições à geografia eleitoral aplicada a problemas político-eleitorais brasileiros. 109 f. Dissertação (Mestrado em Ciência Política) – Universidade Federal do Paraná, Curitiba, 2016. Disponível em: <https://acervodigital.ufpr.br/handle/1884/55225>. Acesso em: 18 ago. 2024.

GOOGLE. **Visão geral da API Geocoding**. Disponível em: <https://developers.google.com/maps/documentation/geocoding/overview?hl=pt-br>. Acesso em: 25 set. 2024.

GUARNIERI, F.; SILVA, G. P. da. A Spatial Interaction Model of Vote Dispersion. **Political Geography**, v. 98, 2022. Disponível em: <https://doi.org/10.1016/j.polgeo.2022.102709>. Acesso em: 24 set. 2024.

HERE. **Here Geocoding & Search.** Disponível em: <https://www.here.com/platform/geocoding>. Acesso em: 25 set. 2024.

HIDALGO, D. F. **Geocoding Brazilian Polling Stations with Administrative Data Sets.** 22 Jan. 2021. Disponível em: <https://raw.githack.com/fdhidalgo/geocode_br_polling_stations/master/doc/geocoding_procedure.html>. Acesso em: 19 ago. 2024.

HIDALGO, D. **Geocode_br_polling_stations.** 2024. Disponível em: <https://github.com/fdhidalgo/geocode_br_polling_stations>. Acesso em: 25 set. 2024.

HIDALGO, D. **Geocode_br_polling_stations:** v.0.13. 13 June 2022. Disponível em: <https://github.com/fdhidalgo/geocode_br_polling_stations/releases/tag/v0.13-beta>. Acesso em: 27 mar. 2024.

IBGE – Instituto Brasileiro de Geografia e Estatística. **GeoServer.** Disponível em: <https://geoservicos.ibge.gov.br/geoserver>. Acesso em: 25 set. 2024a.

IBGE – Instituto Brasileiro de Geografia e Estatística. **Cadastro Nacional de Endereços para Fins Estatísticos:** Censo Demográfico de 2010. Disponível em: <https://ftp.ibge.gov.br/Cadastro_Nacional_de_Enderecos_para_Fins_Estatisticos/Censo_Demografico_2010>. Acesso em: 25 set. 2024b.

IBGE – Instituto Brasileiro de Geografia e Estatística. **Cadastro Nacional de Endereços para Fins Estatísticos:** Censo Agropecuário de 2017. Disponível em: <https://ftp.ibge.gov.br/Cadastro_Nacional_de_Enderecos_para_Fins_Estatisticos/Censo_Agropecuario_2017>. Acesso em: 25 set. 2024c.

IBGE – Instituto Brasileiro de Geografia e Estatística. **Cadastro Nacional de Endereços para Fins Estatísticos:** Censo Demográfico de 2022. Disponível em: <https://ftp.ibge.gov.br/Cadastro_Nacional_de_Enderecos_para_Fins_Estatisticos/Censo_Demografico_2022/>. Acesso em: 25 set. 2024d.

IBGE – Instituto Brasileiro de Geografia e Estatística. **Divisões intramunicipais:** São Paulo – Censo de 2010. 2010a. Disponível em: <https://geoftp.ibge.gov.br/organizacao_do_territorio/malhas_territoriais/malhas_de_setores_censitarios__divisoes_intramunicipais/censo_2010/setores_censitarios_shp/sp/>. Acesso em: 25 set. 2024.

IBGE – Instituto Brasileiro de Geografia e Estatística. **Malhas municipais** – 2010. 2010b. Disponível em: <https://geoftp.ibge.gov.br/organizacao_do_territorio/malhas_territoriais/malhas_municipais/municipio_2010>. Acesso em: 25 set. 2024.

IBGE – Instituto Brasileiro de Geografia e Estatística. **Resolução do Presidente R.PR – 1/2005.** Rio de Janeiro, 25 fev. 2005. Disponível em: <https://geoftp.ibge.gov.br/metodos_e_outros_documentos_de_referencia/normas/rpr_01_25fev2005.pdf>. Acesso em: 16 out. 2024.

IBOPE – Instituto Brasileiro de Opinião Pública e Estatística. Pesquisa de Opinião Pública sobre o Primeiro Turno. **Ibope Inteligência**, [S.l.], out. 2014.

INEP – Instituto Nacional de Estudos e Pesquisas Educacionais Anísio Teixeira. **Catálogo de Escolas.** 2019. Disponível em: <https://www.gov.br/inep/pt-br/acesso-a-informacao/dados-abertos/inep-data/catalogo-de-escolas>. Acesso em: 25 set. 2024.

IPEA – Instituto de Pesquisa Econômica Aplicada. **Ipeadata.** Disponível em: <http://www.ipeadata.gov.br>. Acesso em: 19 ago. 2024.

JACINTHO, L. H. M. et al. Brazilian Presidential Elections: Analysing Voting Patterns in Time and Space Using a Simple Data Science Pipeline. In: SYMPOSIUM ON KNOWLEDGE DISCOVERY, 8., 2020, Rio Grande. **Anais...** Disponível em: <https://sol.sbc.org.br/index.php/kdmile/issue/view/613>. Acesso em: 30 ago. 2024.

JACOBS, J. **The Economy of Cities.** New York: Vintage, 1970.

JOHNSON, S. **O mapa fantasma:** como a luta de dois homens contra a cólera mudou o destino de nossas metrópoles. Tradução de Sérgio Lopes. Rio de Janeiro: Zahar, 2008.

KELLSTEDT, P.; WHITTEN, G. **Fundamentos da pesquisa em ciência política.** 2. ed. São Paulo: Blucher, 2021.

KING, G. **A Solution to the Ecological Inference Problem:** Reconstructing Individual Behavior from Aggregate Data. Princeton, NJ: Princeton University Press, 1997.

KING, G. Replication, Replication. **PS: Political Science and Politics,** v. 28, n. 3, p. 444-452, 1995. Disponível em: <https://gking.harvard.edu/files/gking/files/replication.pdf>. Acesso em: 30 ago. 2024.

KING, G. Why Context Should Not Count. **Political Geography,** v. 15, n. 2, p. 159-164, 1996. Disponível em: <https://gking.harvard.edu/files/abs/contxt-abs.shtml>. Acesso em: 30 ago. 2024.

KING, G.; KEOHANE, R. O.; VERBA, S. **Designing Social Inquiry:** Scientific Inference in Qualitative Research. Princeton, NJ: Princeton University Press, 1994.

KING, J. All over the Maps. **CNN**, 2024. Disponível em: <https://edition.cnn.com/specials/politics/all-over-the-map>. Acesso em: 30 set. 2024.

KIRCHHEIMER, O. A transformação dos sistemas partidários da Europa Ocidental. **Revista Brasileira de Ciência Política**, n. 7, p. 349-385, jan./abr. 2012. Disponível em: <https://doi.org/10.1590/S0103-33522012000100014>. Acesso em: 15 out. 2024.

LAAKSO, M.; TAAGEPERA, R. Effective Number of Parties: a Measure with Application to West Europe. **Comparative Political Studies**, v. 12, n. 1, p. 3-27, abr. 1979.

LAMOUNIER, B. A representação proporcional no Brasil: mapeamento de um debate. **Revista de Cultura e Política**, São Paulo, n. 7, p. 5-42, 1982.

LAPOP – Latin American Public Opinion Project at Vanderbilt University. **Americas Barometer**: Brazil. 2019. Disponível em: <http://datasets.americasbarometer.org/database/index.php#>. Acesso em: 25 set. 2024.

LAU, R.; REDLAWSK, D. **How Voters Decide**: Information Processing in Election Campaigns. Cambridge: Cambridge University Press, 2006.

LIMONGI, F. O novo institucionalismo e os estudos legislativos: a literatura norteamericana recente. **BIB: Revista Brasileira de Informação Bibliográfica em Ciências Sociais**, n. 37, n. 3, p. 3-38, 1994. Disponível em: <https://bibanpocs.emnuvens.com.br/revista/article/view/152>. Acesso em: 30 ago. 2024.

LIMONGI, F.; GUARNIERI, F. A base e os partidos: as eleições presidenciais no Brasil pós-redemocratização. **Novos Estudos Cebrap**, n. 99, p. 5-24, jul. 2014. Disponível em: <https://www.scielo.br/j/nec/a/NyDJKLq8rgWw6VHmYFTddYC/#>. Acesso em: 30 ago. 2024.

LIMONGI, F.; GUARNIERI, F. Competição partidária e voto nas eleições presidenciais no Brasil. **Opinião Pública**, v. 21, n. 1, p. 60-86, abr. 2015. Disponível em: <https://www.scielo.br/j/op/a/7wg39fWhcwQmJm4CcPgVJRN/abstract/?lang=pt#>. Acesso em: 30 ago. 2024.

LIMONGI, F.; GUARNIERI, F. Duverger nos Trópicos: coordenação e estabilidade nas eleições presidenciais brasileiras pós-redemocratização. In: FIGUEIREDO, A. M. C.; BORBA, F. (Org.). **25 anos de eleições presidenciais no Brasil**. Curitiba: Appris, 2018. p. 37-61.

LIMONGI, F.; MESQUITA, L. Estratégia partidária e clivagens eleitorais: as eleições municipais pós-redemocratização. In: KOWARICK, L.; MARQUES, E. (Ed.). **São Paulo**: novos percursos e atores. São Paulo: Editora 34, 2011. p. 207-232.

LONGLEY, P. A. et al. **Geographic Information Science & Systems**. 4. ed. Hoboken, NJ: Wiley, 2015.

LOVELACE, R.; NOWOSAD, J.; MUENCHOW, J. **Geocomputation with R**. Boca Raton, FL: CRC Press, 2019.

MAPQUEST. Geocoding API. Disponível em: <https://developer.mapquest.com/documentation/api/geocoding>. Acesso em: 25 set. 2024.

MARTINS, C. E. A Reforma do Sistema Eleitoral. **Dados – Revista de Ciências Sociais**, Rio de Janeiro, v. 26, n. 2, p. 141-153, 1983. Disponível em: <https://dados.iesp.uerj.br/en/artigos/?id=260>. Acesso em: 30 set. 2024.

MARZAGÃO, T. A dimensão geográfica das eleições brasileiras. **Opinião Pública**, v. 19, n. 2, p. 270-290, 2013. Disponível em: <https://www.scielo.br/j/op/a/7RNPbLD5mSyfWJtTVwHQDvn>. Acesso em: 30 ago. 2024.

MAS, J. et al. **Análise espacial com R**. Feira de Santana: Ed. da UEFS, 2019.

MAYHEW, D. R. **Congress**: the Electoral Connection. New Heaven: Yale University Press, 2004.

MEIRELES, F.; SILVA, D. **Usando R**: um guia para cientistas políticos. 2018. Disponível em: <http://electionsbr.com/livro>. Acesso em: 13 ago. 2024.

MEIRELES, F.; SILVA, D.; COSTA, B. **ElectionsBR**: R Functions to Download and Clean Brazilian Electoral Data. 2016. Disponível em: <https://github.com/silvadenisson/electionsBR>. Acesso em: 25 set. 2024.

MENEGAT, R.; LAGO, C. do. Como votou sua vizinhança? Explore o mapa mais detalhado das eleições. **Estadão**, 27 out. 2018. Disponível em: <https://www.estadao.com.br/infograficos/politica,como-votou-sua-vizinhanca-explore-o-mapa-mais-detalhado-das-eleicoes,935858>. Acesso em: 24 abr. 2024.

MONMONIER, M. S. **How to Lie with Maps**. 3. ed. Chicago: The University of Chicago Press, 2018.

MORAGA, P. **Spatial Statistics for Data Science**: Theory and Practice with R. Boca Raton, FL: CRC Press, 2023.

MOREIRA, T. de M. Q. **Electoral Context and Political Choices**: Essays on Mass and Elite Behavior. 148 f. Tese (Doutorado em Ciência Política) – Texas A&M University, College Station, 2023. Disponível em: <http://hdl.handle.net/1969.1/200114>. Acesso em: 24 set. 2024.

NASCIMENTO, C. C. do. **Igreja como partido**: capacidade de coordenação eleitoral da Igreja Universal do Reino de Deus. 149 f. Tese (Doutorado em Administração Pública e Governo) – Escola de Administração de Empresas da Fundação Getulio Vargas, São Paulo, 2017. Disponível em: <https://repositorio.fgv.br/server/api/core/bitstreams/0cff9f87-ef3e-41e0-97dd-60fd490d3520/content>. Acesso em: 30 ago. 2024.

NEUMAYER, E.; PLÜMPER, T. W. **Political Science Research and Methods**, v. 4, n. 1, p. 175-193, jan. 2016. Disponível em: <https://papers.ssrn.com/sol3/papers.cfm?abstract_id=2224687>. Acesso em: 30 ago. 2024.

NICOLAU, J.; TERRON, S. L. Uma cidade partida? As eleições para prefeito do Rio de Janeiro em 2008. In: ENCONTRO DA ASSOCIAÇÃO BRASILEIRA DE CIÊNCIA POLÍTICA, 8,. 2012, Gramado. **Anais...** Gramado, RS, ago. 2012.

NOMINATIN. **Open-Source Geocoding with OpenStreetMap Data**. Disponível em: <https://nominatim.org>. Acesso em 25 set. 2024.

PEREIRA, R. H. M. et al. **Geobr**: Loads Shapefiles of Official Spatial Data Sets of Brazil. 2019. Disponível em: <https://github.com/ipeaGIT/geobr>. Acesso em: 25 set. 2024.

PHILLIPS, J. **Análise de Dados para as Ciências Sociais**: um curso do Departamento de Ciência Política, Universidade de São Paulo. 2021. Disponível em: <https://jonnyphillips.github.io/Ciencia_de_Dados/>. Acesso em: 25 set. 2024.

REIS, B. P. W. Sistema eleitoral e financiamento de campanhas no Brasil: desventuras do Poder Legislativo sob um hiperpresidencialismo consociativo. In: OLIVEN, R. G.; RIDENTI, M.; BRANDÃO, G. M. (Org.). **A Constituição de 1988 na vida brasileira**. São Paulo: Hucitec, 2008. p. 57-90.

RENNÓ, L.; SILVA, T. M. da. Perdendo o fio da meada: ambiguidades e contradições na teoria do realinhamento. **BIB: Revista Brasileira de Informação Bibliográfica em Ciências Sociais**, v. 77, p. 5-23, 2014. Disponível em: <https://bibanpocs.emnuvens.com.br/revista/article/view/388>. Acesso em: 30 ago. 2024.

ROCHA, C. A. de V. Geografia do voto para deputados estaduais: o caso da Região Metropolitana de Belo Horizonte. In: ANDRADE, L. T.; MENDONÇA, J. G.; DINIZ, A. M. A. (Org.). **Belo Horizonte: transformações na ordem urbana**. Rio de Janeiro: Letra Capital, 2015. p. 421-442.

RODRIGUES-SILVEIRA, R. La metrópoli y la vida electoral: los barrios de las capitales en las elecciones a presidente en 2014. **Revista de Estudios Brasileños**, v. 2, n. 2, p. 142-156, 2015. Disponível em: <https://bibliotecadigital.tse.jus.br/xmlui/handle/bdtse/4528>. Acesso em: 30 ago. 2024.

RODRIGUES-SILVEIRA, R. **Representación espacial y mapas**. Madrid: Centro de Investigaciones Sociológicas, 2013a.

RODRIGUES-SILVEIRA, R. Território, escala e voto nas eleições municipais no Brasil. **Cadernos Adenauer**, v. XIV, n. 2, p. 167-192, 2013b. Disponível em: <https://www.kas.de/documents/252038/253252/7_file_storage_file_10392_5.pdf/4517e77f-547e-dc56-7ea8-0f5d108b4990>. Acesso em: 23 set. 2024.

RODRIGUES-SILVEIRA, R.; TERRON, S. L.; SONNLEITNER, W. **Presentación**: política, espacialidad y territorialidad – hacia un análisis espacial de los procesos socio-políticos en América Latina. **América Latina Hoy**, v. 75, p. 11-20, 2017. Disponível em: <https://revistas.usal.es/cuatro/index.php/1130-2887/article/view/16614>. Acesso em: 30 ago. 2024.

SAMUELS, D. Incentives to Cultivate a Party Vote in Candidate-Centric Electoral Systems: Evidence from Brazil. **Comparative Political Studies**, v. 32, n. 4, p. 487-518, 1999.

SCHLEUTKER, E. Seven Suggestions for Teaching Quantitative Methods. **PS: Political Science & Politics**, v. 55, n. 2, p. 419-423, 2022. Disponível em: <https://politicalsciencenow.com/seven-suggestions-for-teaching-quantitative-methods>. Acesso em: 30 set. 2024.

SCHMITTER, P. The Design of Social and Political Research. In: DELLA PORTA, D.; KEATING, M. (Ed.). **Approaches and Methodologies in the Social Sciences**. Cambridge: Cambridge University Press, 2008.

SHUGART, M. S.; VALDINI, M. E.; SUOMINEN, K. Looking for Locals: Voter Information Demands and Personal Vote-Earning Attributes of Legislators under Proportional Representation. **American Journal of Political Science**, v. 49, n. 2, p. 437-449, 2005. Disponível em: <https://web.pdx.edu/~mev/Research/Shug_Val_Suom05.pdf>. Acesso em: 15 out. 2024.

SILOTTO, G. A relevância regional nas estratégias partidárias: evidências das listas de candidatos de São Paulo. **Revista de Sociologia e Política**, v. 27, n. 69, e003, 2019. Disponível em: <https://doi.org/10.1590/1678-987319276903>. Acesso em: 25 set. 2024.

SILOTTO, G. et al. **Poder e território**: uma abordagem a partir da ciência política. Curitiba: InterSaberes, 2021.

SILOTTO, G. Mapeando a competição: padrões de votação em São Paulo entre 2008 e 2016. **Revista Parlamento e Sociedade**, v. 5, n. 8, p. 97-123, 2017. Disponível em: <https://parlamentoesociedade.emnuvens.com.br/revista/article/view/37>. Acesso em: 30 ago. 2024.

SILVA, G. P. da. Mesmas instituições, mesmos resultados? Comparando o efeito da competição eleitoral sobre os níveis de concentração de votos. **Opinião Pública**, v. 23, n. 3, p. 682-713, 2017. Disponível em: <https://doi.org/10.1590/1807-01912017233682>. Acesso em: 24 set. 2024.

SILVA, G. P. da.; DAVIDIAN, A. Identification of Areas of Vote Concentration: Evidence from Brazil. **Brazilian Political Science Review**, v. 7, p. 141-155, 2013. Disponível em: <https://www.scielo.br/j/bpsr/a/xmLcsgG4hX5HFNHJwHr9BZp/abstract/?lang=en#>. Acesso em: 30 ago. 2024.

SILVA, G. P. da.; SILOTTO, G. A conexão eleitoral nas eleições de 2016 em Curitiba. In: BOLOGNESI, B.; ROEDER, K. M.; BABIRESKI, F. (Ed.). **Quem decide concorrer**: a eleição e os vereadores em Curitiba. Curitiba: TRE-PR; Massimo Editorial, 2018. p. 109-128.

SILVA, P. O pork barrel no Município de São Paulo: a produção legislativa dos vereadores paulistanos. **Centro de Estudos da Metrópole**, São Paulo, v. 2, n. 11, 2011. Série Textos para Discussão CEM. Disponível em: <https://centrodametropole.fflch.usp.br/sites/centrodametropole.fflch.usp.br/files/user_files/noticias/ckeditor/patrijan.pdf>. Acesso em: 24 set. 2024.

SIMONI JÚNIOR, S. **Política distributiva e competição presidencial no Brasil**: Programa Bolsa-Família e a tese do realinhamento eleitoral. 154 f. Tese (Doutorado em Ciência Política) – Universidade de São Paulo, São Paulo, 2017. Disponível em: <https://teses.usp.br/teses/disponiveis/8/8131/tde-09112017-164955/pt-br.php>. Acesso em: 30 ago. 2024.

SINGER, A. **Os sentidos do lulismo**: reforma gradual e pacto conservador. São Paulo: Companhia das Letras, 2012.

SNOW, J. **On the Mode of Communication of Cholera**. London: John Churchill, 1855. Disponível em: <https://johnsnow.matrix.msu.edu/work.php?id=15-78-52>. Acesso em: 13 ago. 2024.

SOARES, G. A. D. Desigualdades eleitorais no Brasil. **Revista de Ciência Política**, v. 7, n. 1, p. 25-48, 1973. Disponível em: <https://periodicos.fgv.br/rcp/article/view/59226>. Acesso em: 30 ago. 2024.

SOARES, G. A. D.; TERRON, S. L. Dois Lulas: a geografia eleitoral da reeleição (explorando conceitos, métodos e técnicas de análise geoespacial). **Opinião Pública**, v. 14, n. 2, p. 269-301, nov. 2008. Disponível em: <https://www.scielo.br/j/op/a/DtVyrpxMJGNMV4MfqmrjzgH/?lang=pt#>. Acesso em: 30 ago. 2024.

STACK OVERFLOW. Disponível em: <https://stackoverflow.com>. Acesso em: 31 ago. 2024.

TERRON, S. L. Geografia eleitoral em Foco. **Em Debate**, v. 4, n. 2, p. 8-18, maio 2012. Disponível em: <https://bibliotecadigital.tse.jus.br/xmlui/handle/bdtse/3198>. Acesso em: 30 ago. 2024.

TERRON, S. L. **A composição de territórios eleitorais no Brasil:** uma análise das votações de Lula (1989-2006). 108 f. Tese (Doutorado em Ciência Política) – Instituto Universitário de Pesquisas do Rio de Janeiro, Rio de Janeiro, 2009. Disponível em: <https://bibliotecadigital.tse.jus.br/xmlui/handle/bdtse/4062>. Acesso em: 19 ago. 2024.

TERRON, S. L.; RIBEIRO, A.; LUCAS, J. F., Há padrões espaciais de representatividade na Câmara Municipal do Rio de Janeiro? Análise dos territórios eleitorais dos eleitos em 2008. **Teoria & Pesquisa: Revista de Ciência Política**, v. 21, n. 1, p. 28-47, 2012. Disponível em: <https://bibliotecadigital.tse.jus.br/xmlui/handle/bdtse/3081>. Acesso em: 30 ago. 2024.

TERRON, S. L.; SOARES, G. A. D. As bases eleitorais de Lula e do PT: do distanciamento ao divórcio. **Opinião Pública**, v. 16, n. 2, p. 310-337, nov. 2010. Disponível em: <https://www.scielo.br/j/op/a/NTQQcGHTp8HmjkCk7tm9BRd/abstract/?lang=pt#>. Acesso em: 30 ago. 2024.

THE R PROJECT FOR STATISTICAL COMPUTING. Disponível em: <https://www.r-project.org>. Acesso em: 31 ago. 2024.

TOBLER, W. R. A Computer Movie Simulating Urban Growth in the Detroit Region. **Economic Geography**, v. 46, p. 234, June 1970. Disponível em: <https://www.content-animation.org.uk/htmls/tobler.htm >. Acesso em: 30 ago. 2024.

URBINATI, N.; WARREN, M. E. The Concept of Representation in Contemporary Democratic Theory. **Annual Review of Political Science**, v. 11, n. 1, p. 387-412, 2008. Disponível em: <https://doi.org/10.1146/annurev.polisci.11.053006.190533>. Acesso em: 24 set. 2024.

VEIGA, G. et al. Geografia eleitoral de Pernambuco. **Revista Brasileira de Estudos Políticos**, Belo Horizonte, n. 8, p. 50-85, abr. 1960.

WARD, M. D.; GLEDITSCH, K. S. **Spatial Regression Models**. Thousand Oaks: Sage Publications, 2008.

ZOLNERKEVIC, A. Localismo nas eleições proporcionais do Brasil: efeito contextual de "amigos e vizinhos". **Dados**, v. 68, n. 1, e20220219, 2024. Disponível em: <https://doi.org/10.1590/dados.2025.68.1.356>. Acesso em: 25 set. 2024.

ZOLNERKEVIC, A.; GUARNIERI, F. Eleições municipais de 2016 e 2020 em São Paulo: resultados diferentes, alinhamentos iguais. **Opinião Pública**, v. 29, n. 1, p. 133-165, abr. 2023. Disponível em: <https://www.scielo.br/j/op/a/xzFBnvGCXpjrDZHBKbFbxvh/#>. Acesso em: 30 ago. 2024.

ZUCCO, C.; POWER, T. J. Bolsa Família and the Shift in Lula's Electoral Base, 2002-2006: a Reply to Bohn. **Latin American Research Review**, v. 48, n. 2, p. 3-24, 2013.

Respostas

Capítulo 1

Questões para revisão

1. c
2. c
3. a) Espacial.
   b) Espacial.
   c) Não espacial.
   d) Espacial.
   e) Não espacial, apesar da associação ao território.
4. a) Mapa vetorial, de polígonos, pois se trata de uma lista de pontos que se encerra em si mesma.
   b) Mapa *raster*, em que as superfícies são *pixels*, preenchidos com cores que correspondem ao valor da precipitação esperada naquela região.
   c) Mapa vetorial, de linhas, pois essa lista de pontos não se encerra em si própria, estando aberta em seu ponto inicial e final.

4. Mapa vetorial – caso você considere o município como um todo, são polígonos; caso você considere somente os centroides, são pontos.

5. c

Capítulo 2

Questões para revisão

1. a) Votação nominal por município e zona ou votação em partido por município e zona).
   b) Votação por seção eleitoral.
   c) Votação nominal por município e zona + votação em partido por município e zona.
   d) Votação por seção eleitoral.
   e) Votação nominal por município e zona ou votação em partido por município e zona.
2. c
3. b
4. a) A paleta de cores do mapa está adequada, pois mostra cores mais claras representando valores menores, além de ser de uma cor associável ao espectro político do governador eleito.
   Não se faz um bom uso dos espaços vazios do mapa, pois elementos como a rosa dos ventos e a escala estão aglomerados em uma parte do mapa, junto à legenda, enquanto o canto inferior esquerdo está vazio.
   O uso da variável contínua dificulta que se identifiquem os valores dessa variável na maioria dos municípios.
   b) A paleta de cores do mapa não está adequada e pode confundir o leitor, pois mostra a votação de Eduardo Leite em

tons de vermelho, uma cor tradicionalmente associada ao PT, partido historicamente adversário do partido de Leite.
O mapa faz bom uso dos espaços vazios.
A categorização apresentada não traz uma informação substantiva ao leitor, ainda que se baseie em um critério claro (quartis).
c) A paleta de cores do mapa não está adequada e pode confundir o leitor, pois mostra a votação de Jerônimo Rodrigues em tons de azul, uma cor tradicionalmente associada ao PSDB, partido historicamente adversário do partido de Rodrigues.
O mapa faz bom uso dos espaços vazios.
A categorização utilizada é adequada para diversos públicos.
5. b

Capítulo 3

Questões para revisão

1. c
2. b
3. a
4. a) Se o QL em determinado município for igual a 1, isso significa que a proporção de votos que o candidato recebeu naquele município em relação à sua votação total é igual à proporção de votos válidos naquele município em relação ao total do estado.

   b) Na maior parte dos municípios, Túlio Gadêlha obteve uma votação abaixo do que era esperado pela distribuição do eleitorado no estado. Entre as áreas em que sua votação esteve acima do esperado, notamos alguma concentração espacial. Porém, ele obteve um QL > 3 em um único município, o que sugere que sua votação proporcional nos municípios não se destacou amplamente do esperado.

c) No novo mapa, é possível observar que a votação de Túlio Gadêlha esteve de fato abaixo do esperado em boa parte do Estado de Pernambuco (roxo mais escuro). Nos tons intermediários de roxo, vemos aquela faixa em que a votação do candidato se aproximou do esperado, e isso corresponde a poucos municípios, sem um padrão nítido. Identificamos pequenos agrupamentos de tons mais claros de roxo, semelhantes aos do mapa anterior, que permitem ver algumas regiões onde a votação dele esteve acima do esperado, ainda que sem grande destaque. Por fim, notamos um município adicional em que a votação de Túlio Gadêlha foi maior, mas os tons de verde confirmam o que foi observado no mapa anterior.

Ao aumentarmos o número de categorias em que dividimos o índice QL municipal para a votação desse candidato, pudemos distinguir melhor onde a votação desse candidato foi mais baixa do que o esperado, criar uma faixa que aproxima a votação esperada (o que não ocorre no mapa anterior), além de ampliar a informação disponível sobre a votação acima do esperado, o que dá mais contornos para compreender a votação do candidato.

d) O valor de referência do HC é zero. Isto é, caso o valor do HC em determinado município seja positivo, o candidato obteve uma proporção de votos válidos superior à proporção de votos válidos que aquele município tem no estado; caso o valor seja negativo, o candidato obteve uma votação inferior à esperada.

Existem inúmeras possibilidades para categorizar esses dados. As abordagens que utilizam algoritmos preexistentes, como as quebras de Jenks, são puramente guiadas pelos dados. Elas costumam ser sempre opções adequadas, mas a interpretação e a justificativa podem ser difíceis para um leitor leigo. Uma categorização com base nos decis ou quartis da distribuição não parece muito adequada, pois ofusca aqueles valores mais relevantes. Ao inspecionarmos a distribuição por decis, vemos que há diferenças relevantes entre o valor mínimo e o primeiro decil, bem como entre o nono decil e o valor máximo. Pode ser importante evidenciar essas diferenças. Além disso, entre o percentil 30 e o 80, há uma diferença de menos de 200 votos, pouco substantiva na votação total desse candidato. Nesse sentido, uma sugestão, que se adéqua melhor a um leitor leigo, seria destacar: uma faixa que fique entre −200 e +200, outra faixa que alcance de 200 a 1 000 (em ambos os lados do zero) e outra superior a 1 000. Além disso, tal como no exemplo apresentado no capítulo (Camila Jara, PT-MS), um mapa de símbolos proporcionais poderia ajudar a dimensionar melhor o valor máximo.

5. a

Capítulo 4
Questões para revisão
1. d
2. b
3. c, d

4. A votação do PT em 2002 apresenta áreas alto-alto em particular na Região Sul, entre os estados do Paraná e de São Paulo. Há ainda algumas manchas semelhantes ao longo de Minas Gerais e poucas no Nordeste. Nas regiões Norte e Centro-Oeste, há algumas cidades com votação elevada, cercadas de municípios com baixa votação. Esse resultado se altera drasticamente em 2018 para o partido. Não há mais cidades de votação elevada isoladas das demais. Torna-se mais homogênea a votação: municípios com votação elevada estão associados com outros com a votação também elevada (alto-alto no Norte e no Nordeste), enquanto as áreas em que a votação é mais baixa estão cercadas por vizinhos com percentual também mais baixo (baixo-baixo no Sudeste, no Sul e no Centro-Oeste). Situação análoga e complementar acontece com o PSDB. Em 2002, há algumas regiões esparsas com votação elevada e cercadas por vizinhos com votação elevada (alto-alto), notadamente na região central do país. No Nordeste, no Norte e no Rio de Janeiro, há cidades com votação baixa e com vizinhos com a mesma votação (baixo-baixo). Na Região Norte, há ainda cidades com votação elevada cercadas por outras com votação baixa (alto-baixo), bem como cidades com votação baixa cercadas por votação elevada (baixo-alto). O quadro se altera em 2018, complementando o que ocorre com o PT. A votação nas regiões Norte e Nordeste é tipicamente baixa, com os vizinhos apresentando o mesmo padrão de votos (baixo-baixo). Já no Sudeste, a votação nas cidades é elevada e está cercada por outras cidades também com votação elevada (alto-alto).

5. Essa não foi uma escolha adequada para a identificação de territórios eleitorais. Como se trata de uma eleição em que disputaram somente dois candidatos, a variável *votação absoluta* é fortemente correlacionada com o tamanho do eleitorado (e, consequentemente, da população) municipal. Assim, essa variável, na verdade, apresenta um indicador da autocorrelação espacial da população municipal brasileira, e não de municípios onde o candidato é proporcionalmente forte/fraco. Portanto, a única vantagem que ela apresenta é a de identificar áreas de grande votação do presidente, o que não é tão útil para nossas análises e poderia ser verificado por meio de outra fonte. As áreas em vermelho, no geral, refletem regiões metropolitanas brasileiras. No Sudeste, por exemplo, é possível encontrar as regiões metropolitanas de Belo Horizonte, Rio de Janeiro e São Paulo; no Sul, a de Porto Alegre; no Nordeste, as de Fortaleza, Recife e Salvador; entre outras. Essas regiões são bastante populosas, o que confirma o diagnóstico apresentado.

Sobre os autores

Lucas Gelape é pesquisador de pós-doutorado no Centro de Política e Economia do Setor Público (Cepesp) da Fundação Getulio Vargas (FGV-SP), bolsista Fapesp (Projeto n. 23/04854-6). Bacharel em Direito pela Universidade Federal de Minas Gerais (UFMG). Mestre em Ciência Política pela UFMG. Doutor em Ciência Política pela Universidade de São Paulo (USP), com estágio de pesquisa (doutorado sanduíche) no Departamento de Governo da Universidade Harvard. Tem experiência na área de ciência política, atuando principalmente nos seguintes temas: instituições políticas, estudos eleitorais, geografia eleitoral, política local e estudos legislativos. É autor e coautor de trabalhos acadêmicos sobre geografia eleitoral e coautor de *Poder e território: uma abordagem a partir da ciência política*, publicado pela InterSaberes em 2021.

Glauco Peres da Silva é professor livre-docente do Departamento de Ciência Política da Universidade de São Paulo (USP). Graduado em Economia pela USP. Mestre em Economia pela Pontifícia Universidade Católica de São Paulo (PUC-SP). Doutor em Administração Pública e Governo pela Fundação Getulio Vargas (FGV-SP), com estágio de pesquisa (doutorado sanduíche) no Massachusetts Institute of Technology (MIT). Tem experiência na área de ciência política, com ênfase em política comparada, atuando principalmente nos seguintes temas: geografia eleitoral, eleições, partidos, institucionalismo e metodologia da ciência política. É autor e coautor de trabalhos acadêmicos sobre geografia eleitoral e coautor de *Poder e território: uma abordagem a partir da ciência política*, publicado pela InterSaberes em 2021.

Impressão:
Janeiro/2025